思想觀念的帶動者

文化現象的觀察者

本土經驗的整理者

生命故事的關懷者

心靈工坊 PsyGarden

Holistic

探索身體，追求智性，呼喊靈性
攀向更高遠的意義與價值
是幸福，是恩典，更是內在心靈的基本需求
企求穿越回歸眞我的旅程

生命如此美麗：在逆境中安頓身心

Living Beautifully: with Uncertainty and Change

作者—佩瑪・丘卓（Pema Chödrön）
譯者—傅馨芳

目·錄

結語

〔推薦序〕從心出發

❀沒有底層的樓宇

在《百喻經．三重樓喻》裡，我們遇到一位富人，癡無所知，見別人起了三層的高樓，高廣嚴麗，軒敞疏朗，不由得羨慕了起來，於是請來木匠也照樣蓋一座高樓，匠人很快就開始整理地基，製造磚坯，準備造樓了。

富人看了，不解地問：「你大張旗鼓，是準備做什麼？」

木匠答道：「不就是造你的三層樓嗎？」

富人連忙說：「你弄錯了，我可不想要下面兩層，直接給我造第三層就可以了。」

這下，木匠抓瞎了：「這樓我可造不出來，天底下哪有不建底層和第二層，就直接造第三層的呢？」

❊想改變世界之前

「願世界因我而變得更好。」這是許多人共同的理想，或宏願。於是我們意氣風發地出發，去改善周遭的人事物，一心想打造我們願景中的美好他人和美好世界。

「且慢，你自己先變得更好了嗎？」也許會有好心人上前提醒我們。

本書作者佩瑪．丘卓就是那位好心人，她說，要改變世界，先得改變自己。書中有一段，一位氣沖沖的主廚衝到鈴木俊隆禪師面前訴苦：你瞧，廚房的那些幫手，工作不徹底，話又講個不停，還吊兒郎當、漫不經心，每天都是一團亂！禪師聽了，不過雲淡風輕地一句話：「要把廚房安定下來，先安定自己的心。」

主廚若是心中忿忿不平，迫不及待想改變他人，不由自主也加入混戰，能令混亂的廚房改觀嗎？恐怕有點難度。

佛教修行很珍貴的一環，就是重視次第。先一步走穩了，才能踏出下一步，循序漸進，不能躐等，不能貪多。我們的願景固可以宏大，無論是經世濟民、社會公義、道德提升，甚至救度無量眾生，卻唯有自己的心才是真正的起點。心是一切的動力，一切的先導。

修心的地基、樑柱和完成

本書的結構是以「三律儀」次第開展，律儀是修行之人所遵守的戒律和立身的儀則。大乘佛教的三律儀是戒（別解脱律儀）、定（靜慮律儀）、慧（無漏律儀）的修行次第。藏傳佛教所謂的三律儀，則以不同的脈絡展開，分別是別解脱律儀、菩薩律儀、密乘律儀（三昧耶律儀），取心量逐漸擴大，自我逐漸消融之意。

佩瑪・丘卓的開示，向來不僅以佛教徒為對象，她一直在召喚著所有的心靈勇士！用她的話語來說，三律儀的第一層是不傷害，即言行不會侵犯自己和他人，經由這層外在的規範，轉而向內，發覺自己用了多少逃避、抗拒、執著、僵固，來與無常的生命本質對立！有了這一層覺知之後，便能安住於無常之中，同時又熱情地活著。

第二層是守護彼此，這是利他先於利己，就好像發願邀請一切眾生到家裡作客，容易或不易相處的，都視如上賓，心門永遠敞開。

第三層是擁抱世界，用頂果・欽哲仁波切的話是「僅只是培養自己對所有境遇、情緒和所有的人，完全接受和開放的態度，全然體驗一切，沒有遲疑和罣礙。」

三律儀就是造樓，「不傷害」是打地基，「守護彼此」如豎立樑柱，「擁抱世界」如同房屋內外全數完工。建造第二層時，第一層必須堅固到位，建造第三層時，第一、二層仍必須忠實而堅定地支持著房屋的結構。否則，就像那位富人，他的第三層樓，恐怕永遠只是一份願景、一座空中樓閣，登高望遠成為永遠無法實現的夢。

在這個舉世滔滔都急著想去反省他人、說服他人、改變他人的時代，佩瑪·丘卓和歷代佛法老師的訊息是非常明確的：每個人首應為自己的心智狀態負起完全責任。從心出發，走出焦躁、衝突、渴欲和仇恨，再以覺醒的心、利他的行動，建立起一個覺醒的世界。

書中的訊息，你聽見了嗎？

本文作者雷叔雲為心理、宗教、禪法領域著作翻譯人，譯有《當囚徒遇見佛陀》、《當下，繁花盛開》、《像佛陀一樣快樂》等，亦譯有佩瑪·丘卓的著作《生命不再等待》、《不被情緒綁架：擺脫你的慣性與恐懼》，其中《生命不再等待》榮獲九十八年金鼎獎最佳翻譯人獎。

前言

這本書所收錄的，是二〇〇九年新斯科夏省（Nova Scotia）布里敦角（Cape Breton）的甘波修道院（Gampo Abbey）為期六週的冬季閉關課程，叫「冬安居」（Yarne）。籠統地說，這些開示根據的是有關傳統佛教所稱的三律儀（Three Vows）的教材。這三律儀分別是別解脫律儀（the Pratimoksha Vow）、菩薩律儀（the Bodhisattva Vow）、三昧耶律儀（the Samaya Vow）。

傳授這部分素材時，通常弟子會正式向一位老師宣誓持守這些律儀。最先是別解脫律儀，接著是菩薩律儀，最後，如果弟子決定要追隨一位金剛乘上師，他就需要立下三昧耶誓。

在本書中，我選擇採用一種比較適合大眾的方式來講述這些律儀，把它們當作任何一個人，無論信奉何種宗教，甚至沒有宗教信仰，都可以立下的三個誓願，以面對無常、不斷變化的生命本質，利用我們的日常經驗來覺醒、振作、放鬆，以及強化我們對其他生命的愛與覺知。

對於一個傳承已久的主題，我採取的方式誠然不符常規，但我希望這麼做能讓所有閱讀本書的人得到幫助和鼓勵，甚至引起一些讀者對佛教徒在證悟之旅上立此三誓的傳承產生興趣。

概述

活著是一種不確定的狀態，不知道接下來會發生什麼事，或事情會如何演變。一旦你知道了，一小部分的你就會開始死亡。藝術家從不全然知道；我們猜測，我們有可能猜錯，但在黑暗中一步步地前進。

——艾格妮絲・德米爾（Anges de Mille）

譯案：德米爾是美國的一位舞蹈家。

1. 人類暗昧不明的存在本質

人生就像踏上一條即將航向海洋，然後沉沒的船。

——鈴木俊隆禪師

身而為人，我們發覺周遭的一切都在變動時，往往迫不及待地尋求確定感。我們力求穩固的依恃，某種安全且可預測的支柱，而面臨艱困之際，這種急迫性似乎會更加強烈。然而真相是：變化不息，正是我們的存在本質，一切都在不斷變化，不管我們是否有所覺知。

多麼不幸的境遇啊！我們似乎注定要受苦，只因我們對於事情的真相懷著根深柢固的恐懼。我們試圖尋求持久的歡愉、持久的保障，但事實上，我們是整個動態系統的一部分，而這個系統裡的所有事物、所有人都在變動中。

所以，這就是我們的處境：進退維谷。它刺激我們去省思一些問題：明知終究要死，我們如何在面對無常的同時，也能熱情地活著？一旦覺悟到我們始終無法全然安頓自己的身心，這會是怎樣的心境？我們能否提升對於無常與變化的包容？我們如何與無常和不確定為友——欣然接受它們，視它們為轉化生命的媒介？

佛陀說，無常是我們的存在所具有的三個顯著特徵之一，是一個無可辯駁的生命實相，但我們似乎相當強烈地抗拒這個事實。我們以為，只要這麼做或不那麼做，我們就能獲得一個安全、可靠、可掌控的人生，因而當事情不那麼如願時，我們是何等的失望！

不久前我讀到一篇媒體採訪戰地記者克里斯．海吉斯（Chris Hedges）的文章。訪談中，海吉斯使用的一個說法似乎是我們這種處境的完美寫照：「人生暗昧不明的本質。」我認為，這牽涉到我們每個人都會面臨的一個重大抉擇：是要緊緊依附著我們僵固的想法、自身族群的觀點所帶給我們的虛妄安全感，即便它們只能暫時滿足我們；抑或克服我們的恐懼，勇敢迎向真實的人生。海吉斯所說的「人生暗昧不明的本質」，在我心中產生很大的共鳴，因為那正是我多年來探究的問題：我們如何能如實並熱情地擁抱人生根本的不確定性、無依無恃的狀態，並且安住在其中？

❁人類根深柢固的焦慮感

我的第一位上師丘揚・創巴（Chögyam Trungpa），經常談到人類根深柢固的焦慮感。這種面對無常的焦慮或不安，並非只是少數人的磨難，而是全人類共同的狀態。然而，與其因為生命的無常與暗昧而心灰意冷，我們是否可以接受它並安住其中呢？我們能否告訴自己：「是的，這就是實相；這就是人的處境。」然後決定不再抗拒，享受這個旅程？

可喜的是，佛陀針對如何做到這一點，給了我們很多提示，其中一些，就是藏傳佛教傳統所稱的三律儀（Three Vows），或三誓願（Three Commitments），它們是協助我們擁抱混沌、無常、變動、富挑戰性的存在本質，以得到證悟的三個法門。第一律儀，即傳統所稱的「別解脫律儀」（Pratimoksha Vow），是個人得到解脫的根本之道，也就是發願盡全力不造下身、口、意業，發願善待彼此。它提供了一套儀軌，讓我們學習安頓思想、情緒，避免在無明（編案：泛指無智、愚昧，特指不解佛教道理之世俗認識）的狀態下言語或行動。安住在無依無恃中的第二步，是發願幫助別人，傳統稱之為「菩薩律儀」（Bodhisattva Vow）。持守這個律儀，就是要致力於保持開放的心和思想，並懷著減輕世上苦難的心願，來培養我們的慈悲心。而傳統所稱的「三昧耶律儀」（Samaya Vow），是三律儀的最後一個，它提供讓我們如實、不帶偏見地擁抱這個世界的方法，這表示對於我們所經歷的一切，無論好壞、苦樂，都決心當作是能量覺醒的示現，將一切事物視為進一步覺醒的媒介。

然而，在日常生活中體認生命暗昧不明的本質，究竟意味著什麼呢？首先是，了解凡事都會改變。誠如八世紀的佛教高僧寂天（Shantideva）在《入菩薩行》

（*The Way of the Bodhisattva*）中所言：

所有我擁有和使用的，
猶如夢幻一閃即逝。
它逐漸淡化為記憶；
淡化，然後不見了。

不管我們是否意識到，我們所依恃的一切一直都在變動，沒有什麼是恆久不變的，包括我們自身在內。時時刻刻憂懼著「我會死」的人可能不多，但有足夠證據顯示，那是我們揮之不去的念頭和恐懼，「我，同樣的，也是瞬間即逝的東西。」寂天如是說。

那麼，身為人，置身於這種暗昧不明、無依無恃的狀態，是什麼感覺呢？其一是，我們會趨樂避苦，但不管我們多麼努力，苦與樂始終在我們的生活中交替著。

我們把享有持久的保障與福祉當作理想的狀態，在這樣的妄念下，我們以各種方法如：大吃、大喝、吸毒、埋首工作、沉迷網路與電視等，試圖達到這個狀態，但不知怎的，始終無法全然地得到我們所追求的那種恆久不變的滿足感。有時候我們覺得安適：身體沒有什麼病痛，心神也了無牽掛，然後，情況又改變了，身體或心理上的痛苦開始折磨我們。我想，如果將苦樂在生活中的消長繪成圖表，我們會發現它們每小時、每天、每年都在交替地主導著生活。

然而，佛陀告訴我們，我們的苦並非來自無常本身，甚至不是因為我們會死的事實，而是來自我們對於「生命無常」這個根本實相的抗拒。我們努力不懈地為自己尋找穩固的依恃、想實現永保安康的美夢，就是我們之所以苦的原因。抗拒變化，就叫做苦，當我們能夠全然放下、不試圖抗拒它，擁抱無依無恃的生命處境，安住在變動的狀態中，那就叫做證悟，或自性、本初善（編案：指一切萬物非造作、無條件的純淨與信心，是每個有情眾生都能夠透過了悟心的本質而展現的佛性）的覺醒。另一個說法，就是「**解脫**」——不再抗拒暗昧不明的存在本質，從而感到白在。

❊僵固的自我感使我們背離實相

人生具有暗昧不明的本質，意味我們永遠無法說：「這是唯一的真理，事實就是如此，沒得討論。」不管我們多麼想這麼說。在訪談中，克里斯．海吉斯也曾談到當一個團體或宗教堅稱他們的觀點是唯一真理時所造成的傷害。然而，即便是個體，也有不少具有基本教義派傾向。我們利用那些理念來安慰自己，抓緊一個立場或信念，好為現實找到討喜的解釋，而不願對其他可能性保持開放，因為，那會帶來我們無法忍受的不確定性和不安感。我們緊緊依附著那個立場，把它當作我們個人的意見憑藉，進而變得固執己見。

這種堅持基本教義、固執己見的傾向，源於僵固的自我感——我們認為自己好或壞、值不值得尊重等等的一套固定想法。有了這樣的認定，我們就必須設法編改現實，因為現實不一定符合我們對自我的觀點。

剛到甘波修道院的時候，我自認自己是個頗有人緣、懂得變通、坦誠、開明的人。這些觀點部分屬實，但部分非也。比方說，我是個很糟糕的主管，其他住眾覺得我削弱了他們的權力，指出我的缺點，但我聽不進去，因為我的自我感太頑強了。每次有新人入住修道院，都對我有同樣的批評，但我依然聽而不聞。這個情況維持了幾年，直到有一天，彷彿這些人全部聯手起來對我進行干預，我才聽見每個人一直在對我說的，關於我的行為如何影響了他們的訊息。這些訊息，我終於接收到了。

這就是否認的結果：你聽不進任何與你的自我感相左的話。即使這些話是正面的——你好親切，你表現得很棒，你很有幽默感——也會被我們的自我感過濾掉。你無法將之接收進來，除非那已經是你自我感的一部分。

在佛法中，我們稱這種固定的自我感為「我執」，它顯示出我們試圖在變動不息的世界裡抓住穩固依恃的心理狀態。禪修可以讓我執開始消融，當你坐下來，會開始對自己有更清楚的認識，會注意到自己是多麼執著於你對自己的看法。我執遭受到的第一次重創，常常來自危機。當生命陷入困境時，例如我在甘波修道院的狀況，會覺得好像你的整個世界都在崩塌，但真正崩塌的其實是你的我執。一如丘揚・創巴一再告訴我們的：那是一件值得慶賀的事。

修行的目的，就是要卸除我們的盔甲，以如實看見自己。這感覺起來像是危機，它也的確就是個危機——我執的危機。佛陀已告訴我們，苦是我執造成的。深入來看，我們可以說，苦真正的原因是無法忍受無常，而且以為否認人生無依無恃的本質是十分明智、十分正常的做法。

我執是我們用來否認的方法。一旦我們對自己有了「這是我」的固定想法，我們就會把每一件事視為威脅或應允，或跟自己毫不相干。不論我們遭遇到什麼，我們不是喜歡，就是厭惡，不然就是無感，端視它對我們的自我意象造成多大的威脅而定。自我感是一種安全的假象，我們利用這種自我觀來過濾經驗，以維持這個假象。當我們喜歡一個人的時候，通常是因為那個人讓我們感覺良好，他們不是掃興的遊伴，不會擾亂我們的自我感，所以我們是好兄弟、好姊妹；當我們不喜歡一個人的時候，覺得他的頻率跟自己不同，所以不想跟他在一起，通常是因為他對我們的看法衝擊了自我感。在不喜歡的人面前，我們覺得不自在，因為他們不能以我們希望被認定的方式來認定我們，以致我們無法以自己想要的方式來運作。我們往往把自己不喜歡的人當作敵人，但事實上，他們對我們來說無比重要，是我們最好的老師，是特屬的信使，在我們需要的時候現身，讓我們看見自己的我執。

無依無恃的狀態、暗昧不明的存在本質所帶來的苦，源自我們對於事情的執著。執著的藏文是**shenpa**，我的老師吉噶・康楚（Dzigar Kongtrül）稱**shenpa**是我執的氣壓計，可以讓我們看到自己有多麼自我中心、多麼妄自尊大。執著會讓我們本能地想去抓取或推開，這就是**我喜歡**、**我要**、**我需要**，**和我不喜歡**、**我不要**、**我不需要**、**我希望它消失**的感覺。我把執著想成是一種被鈎住的感覺；那種被困住、緊繃、停止運作或退縮的感覺，正是當我們對現況感到不安時所經驗到的。執著同時也是一種動力，驅策我們依附令我們愉悦的事物，以擺脱那些不安感。

❋專注在覺受中而不施加詮釋或逃避

任何事物都能觸發我們的執著心：有人批評我們的表現，或誤解我們；狗咬壞了最喜歡的鞋子；飲料弄髒了最好的領帶。本來我們還好好的，不一會兒意外發生了，我們便瞬間被憤怒、嫉妒、怨怪、回嗆、自我懷疑的情緒挾持了。這種苦，這種因為事情「不順遂」，因為希望事物能持續或消失而起的反應，就是暗昧不明的存在本質帶給我們的覺受，一種出於本能的覺受。

我們的執著——shenpa——升起時，大都是不由自主的；那是我們缺乏安全感時的慣性反應。陷於困境時，我們會投向任何能夠幫助我們從苦中解脫的事物：食物、酒精、性交、購物、挑剔、刻薄。然而當那種焦躁不安的感覺油然而生時，我們也可以採取一種比較有益的方法，跟面對痛楚的方法很類似，有一種普受歡迎的看待身體疼痛的方法，就是正念禪（譯案：根據一行禪師的解釋，正念，mindfulness，即是對當下的實相保持覺知的意思）。方法是將你全部的注意力放在痛楚上，將氣吸到痛處，並將氣從痛處呼出。讓自己全然開放地去體驗那不適感，不試圖逃避。你會變得能夠接受那痛苦的覺受，不會耽溺在腦子編造故事裡：**這是不好的感覺；我不該有這種感覺；它可能永遠不會消失**。

當你覺察到強烈的執著心升起時，基本的做法就跟面對身體疼痛的方法是一樣的。不管是**我喜歡或我不喜歡**的感覺，還是一種情緒，如寂寞、沮喪或焦慮等，你都只要全然接受它，不加任何詮釋。如果你曾使用這種方法來面對身體上的痛楚，就會知道它可以產生相當神奇的效果，當你將全部的注意力放在你的膝蓋、背部或頭上——任何感到疼痛的地方，並且放下好壞、對錯的故事情節，僅僅直接體驗痛的覺受，即便只是短暫的片刻，疼痛的想法就會消失，往往疼痛本身也會跟著消失。

寂天曾說，身體上的痛楚帶給我們的苦，全是觀念上的，它並非來自感覺本身，而是來自我們看待它的方式。他以卡納（Karna）為例說明這個道理。卡納是一個古印度的教派，會以燒傷、砍傷自己做為信徒例行的修行儀式，他們認為身體上極度的痛苦可以帶來心靈上的狂喜，所以對他們來說，痛苦具有正面的意義。許多運動員在「感到那種灼痛」時，也有類似的經驗。身體的覺受本無好壞，是我們的詮釋決定了它是好或是壞。

這讓我想起我那天不怕地不怕的兒子約十二歲時的一件事。當時我們站在一艘大船船首的一個小平台上，有點像《鐵達尼號》（Titanic）電影裡的李奧納多・狄卡皮歐（Leonardo DiCaprio）和凱特・溫斯蕾（Kate Winslet）那樣，接著我開始描述我的懼高症。我告訴他，我可能沒辦法繼續站在那兒，因為我的身體出現了各種反應，雙腿也開始癱軟。「媽！那也正是我的感覺耶！」他說。我永遠忘不了他說這話時臉上的神情，不同於我的是，他喜歡那樣的感覺。我所有的侄甥，無論男女，都愛好高空彈跳和洞窟探險，他們喜歡的冒險，是我想盡辦法避開的，我討厭那種感覺，但同樣的感覺帶給他們的卻是刺激。

面對人生暗昧不明的本質，我們其實可以不必逃避那些恐懼、厭惡的感覺，而是選擇去觀照它們。如果我們能把覺受純然當作覺受來體驗，接受它們，不去分辨好壞，那麼就算心中升起退縮的衝動，我們也能專注於當下，進入那些覺受。

腦科學家吉兒・泰勒（Jill Bolte Taylor）在她的著作《奇蹟》（*My Stroke of Insight*）中，敍述自己一度重度中風然後恢復的過程。她對情緒背後的生理機制做了這樣的解釋：一種情緒，例如憤怒，是一種自動反應，從它被觸發到自然結束，只有九十秒，也就是一分半鐘而已。要是超過這個時間——通常都會——那是因為我們選擇去重新點燃它。

情緒變化無常的本質，是我們可以善加利用的事實，但我們有善加利用嗎？沒有。當一種情緒升起的時候，我們反倒動用我們的念頭去助燃它。原本只該持續一分半鐘的情緒，可能因此被延長為十年或二十年。我們反覆咀嚼故事的情節，就等於不斷在強化我們舊有的習性。

大多數的人都曾因為生理或心理上的狀況而苦惱，所以當我們隱約意識到自己不對勁的時候，例如：輕微的氣喘發作、慢性疲勞的徵狀、一陣焦慮感，我們就慌了。我們其實可以輕鬆地看待這些感覺，讓它走完一分半鐘的歷程，並同時全然開放地接納它，可是我們卻告訴自己：「啊！糟了！糟了！又來了！」當人生暗昧不明的本質以這種形式出現時，我們拒絕去體驗它，所以我們採取了對我們最不利的做法：開始胡思亂想。**要是這樣怎麼辦？要是那樣怎麼辦？**我們在腦子裡啟動一連串的活動，身、口、意都忙著逃避那種感覺，結果卻反而讓它不斷地延續下去。

我們可以透過專注於當下的練習，來對治這種慣性反應。有一位熟諳吉兒・泰勒所提的情緒時限的女士，曾寫信告訴我，當焦慮不安的感覺升起時，她是如何因應的。「我就靜待一分半鐘，讓它過去。」她這樣寫著。

確實，這對正念的修練是一個很好的提示：當你意識到無依無恃的時候，因應那焦躁不安感的一個方法，就是「靜待一分半鐘，讓它過去」。

承認你的感覺，全然、慈悲、甚至欣然地觀照它，拋開你對這個感覺所編造故事情節，即使只是短暫的片刻。這麼做，可以讓你直接體驗它，不加任何詮釋。勿用好壞的概念或評價去助燃它，只要專注於那個感覺。它在你身體的哪個部位？它是否長時間維持不變？它有沒有移動或變化？

❁當執著升起時，如實面對

我執不只意味著我們對自己持有一成不變的看法，也意味著我們對所有感知到的一切也都抱持一成不變的看法。我對你有成見；你對我亦然。一旦有了那種分別心，就會激起強烈的情緒。佛法稱強烈的情緒，如瞋怒、貪欲、傲慢、忌妒，為**煩惱**（kleshas）——蒙蔽心智的煩惱。煩惱是我們逃避無依無恃的手段，因此只要屈服於它們，我們原有的習性就會被強化。佛法稱這種周而復始、重複相同模式的現象為輪迴（samsara），而輪迴就等於苦。

我們不斷嘗試逃避暗昧不明的存在本質，但我們逃不掉，就像我們無法逃避變化、無法逃避死亡一樣。我們的苦來自我們對「無可逃避」這個實相的反應：我執以及它所衍生的種種問題，所有讓我們無法真正自在、無法彼此和諧相處的問題。

如果說面對那些覺受的方法，就是安住於其中而不加油添醋地編造故事，那你可能會問：我們**如何**才能打一開始就探觸到暗昧不明的存在本質呢？其實不難，因為我們的生活通常都潛藏著不安，要覺察到它的存在並不難，但要中斷它可就沒那麼容易了。我們的不安可以小到輕微的焦躁，大到無可名狀的驚恐。焦慮讓我們感到脆弱，而我們通常不喜歡這種感覺。脆弱會以許多形式出現：我們可能方寸大亂，彷彿不知道發生了什麼事，不知如何是好；我們也可能感到孤單、沮喪或憤怒。大部分的人都會想避開這些讓我們感到脆弱的情緒，所以我們幾乎無所不用其極地去擺脫它們。

但如果我們不把這些感覺視為壞的，而將之視為自己已探觸到生命無依無恃本質的路標或氣壓計，那麼，我們就能看見這些覺受的真正面貌：通往解脫的門徑，脫離苦海的契機，得到真正的福祉與喜悅的途徑。我們是有選擇的：我們可以因為無法安住於實相而一輩子受苦，或者選擇放鬆自在地擁抱生命無限的可能，活出清新、不執著、沒有偏見的人生。

因此，我們要面對的挑戰，就是當執著升起時，覺察到它所激起的情緒，然後花一分半鐘的時間安住其中而不編造故事。你能夠一天一次，或一天數次在覺受升起時這樣做嗎？這就是我們的課題，一個如實面對、放下執著、敞開心智的歷程。

2. 不編造的人生

我孫女的大學教授不准學生攜帶手機去上課，而我孫女驚訝地發現，這讓她變得多麼專注和警覺。她觀察到，她那整個世代都在接受深度、密集的分心訓練。對我來說，這清楚說明了她的世代、她的下一個世代以及上一個世代，多麼需要專注於當下的密集訓練，才對抗得了這個趨勢。

在練習專注於當下時，你很快就會發現我們為事件編造情節（編案：story line，指腦海中對事物的詮釋像是在編織、創作不盡然符實的故事情節）的傾向是多麼頑強。在佛經中，我們編造情節的習性通常被形容是潛意識裡的種子。因緣俱足時，這些本就存在的習性就會像春天的花朵一樣綻放。我們之所以苦，真正的來由不是引發苦的事物，而是這些習性。若明白這一點，對我們會很有幫助。

❀把各種思慮當作覺受看待

我曾夢見我的前夫：我在家裡，正要安歇下來度過一個寧靜的夜晚，不料我先生帶了六個我不認識的客人回家，然後自己就消失了，讓我去接待那些客人。我氣炸了。醒來的時候，我懊喪地想著：「還說不再動怒了呢：想必那習性還在。」接著我想起前一天發生的事，竟又開始怒火中燒。這才讓我徹底打住，並且了解到不管是醒著還是睡著，情況都一樣。我們需要留意的，不是我們自己電影的內容，而是那部放映機。苦的根源並非當時的故事情節，而是我們原本就有的自尋煩惱的習氣。

自憐、嫉妒、動怒，這些我們習以為常、再熟悉不過的情緒反應，就像我們不斷灑水、施肥培養的種子，唯有每次我們停頓下來，與當下潛在的能量共處，我們才能不再強化這些習性，並開始迎接讓人煥然一新的可能性。

當你對一個舊有的習性做出不同的反應時，你可能會開始注意到一些改變。過去你生氣的時候，可能需要三天的時間才能冷靜下來，但如果你不斷中止憤怒的思緒，你也許只要一天就能消氣。到最後，可能只要幾個小時，甚至一分半鐘。你就開始從苦中解脫了。

特別要聲明的是，中止思慮不同於抑制思慮。抑制是否認正在發生的事，只會讓它們進入潛意識層，在那兒潰爛；不抑制的同時，我們也不應追逐思慮，被它們所鉤住。中止思慮，是介於抓著不放和把它們推開之間；它是讓思慮自由來去、生起滅去，不把它們太當回事。

我們要練習的，是不跟著思慮走，而不是趕走所有的思慮，因為那是不可能的事。你或許會有無思無慮的片刻，隨著禪修的深化，無思無慮的時間也就可能越長，但思慮總是會回來，那是心智的天性，即使這樣，你也不必把思慮當作惡魔，只要練習去中止它們的動力。基本上，你要做的就是放掉思慮，或僅僅將它們歸類為「思」（thinking），然後專注於你當下的體驗。

你的身與心都會要你做自己慣常做的事，要你不斷編造一些情節。這樣的編造會帶來確定性和安適感，鞏固你狹隘、不變的自我感，提供安全和快樂的保證。但這是個虛幻的保證，即使帶來快樂，也只是短暫的。你越是練習不要逃避到你的思慮所形成的幻想世界，而代之以體驗那無依無恃的覺受，你就越能習以為常地把體驗到的情緒僅僅當作覺受來看待——不帶想法、不去編造、不帶好壞成見。

然而，急切尋求安全感的傾向會再度試圖展現它的威力，贏得優勢。我們不能低估它所提供的那種非常真實（也非常短暫）的安適感。禪師塔拉・布萊克（Tara Brach）在她的著作《全然接受這樣的我》（*Radical Acceptance*）中，描述了她在這種時候所做的一個練習。這練習根據的是佛陀遇上敵手魔王波旬（Mara）的故事。魔王波旬是個不斷出現的惡魔，企圖誘惑佛陀放棄修行的決心，回到他過去的無明狀態。從心理學的角度來看，魔王波旬代表的是我們的習性反應所提供的快樂、安全的虛妄保證，所以每次魔王波旬出現，通常都帶著美女或其他誘餌，而佛陀會說：「我看見你了，魔王波旬。我知道你是個騙子，我知道你的意圖。」然後他會邀請他的敵手坐下喝茶。當我們感到無依無恃，很想順從我們的習性去逃避它時，我們可以直視誘惑的眼睛，說：「我看見你了，魔王波旬。」然後與暗昧不明的生命本質一同坐下，不做任何對錯的論斷。

❋生命是一種蛻變、演進的過程

我最近讀到一本書，書中作者談到：人是轉化中的生命體——既非完全被束縛，亦非完全自由，而是處在覺醒過程中的生命體。我覺得這是一個看待自己的好方式。我身處一個蛻變、演進的過程中，既不是命運擺佈的棋子，也不是完全自由，但我正用我的每一句話、每一個舉動、每一個念頭創造著我的未來。我置身於一個充滿動能的處境，擁有不可思議的潛能，有足夠的力量支持自己單純地安住在這個正在進行的生命轉化過程中，有足夠的能力去投入這個覺醒的過程。

與其過著抗拒的人生，試圖否定我們無常、變動的根本處境，我們其實可以探觸暗昧不明的生命本質，欣然接受它。雖然我們不希望自己是個一成不變的人，但在情感上，卻十分仰賴這一點。我們排斥無依無恃時的驚恐與不安，但其實，我們不必在感到任何形式的無依無恃時都停止運作。相反地，我們可以轉而面對它，說：「這就是從執著的心解脫的感覺，這就是從封閉的心解脫的感覺，這就是不帶偏見、沒有罣礙的至善所帶來的感覺。也許我可以懷著好奇，看看能不能超越抗拒，去體驗那至善。」

佛教認為心的本質就像天空一樣寬廣，而從我們的觀點來看，思慮和情緒就像雲一樣，遮蔽了天空。佛法告訴我們，如果想體驗天空的浩瀚無垠，就需要對那些雲懷有好奇心。當我們深入了解那些雲時，它們就會散開，你就能看見寬廣的天空了。天空從來沒有消失過，它一直都在，只不過被掠過、流動的雲暫時遮蔽了。

覺醒之路需要紀律和勇氣。放下雲朵般的思慮與情緒，絕非一開始就能輕易做到。這些思慮和情緒可能會阻礙我們體認心有多麼遼闊，但因為它們就像始終陪伴身旁的老朋友，我們不願與之道別。然而，每當你開始禪修，你不妨下決心試試自己能否放下這些思慮，並且專注於當下的體驗。也許今天你僅能專注當下五秒鐘，但只要能持續處在專注中，任何小小的進步都是好的。

我們的習氣障蔽了生命的寬廣度，丘揚．創巴對於我們這種傾向給予一個意象：「給虛空上妝」。我們可以發心去體驗沒有上妝的虛空，只要保持開放和接納的心，即便是片刻，我們就能開始中止我們牢固的抗拒傾向，去體驗覺受、安住於當下。

相信我們所編造的看法，認同我們對自己的覺受所做的詮釋，是我們根深柢固的習性。我們堅持自己的看法，宛如它們是無懈可擊的事實：「珍這個人糟透了，真的。」「拉爾夫是個很有魅力的人，毫無疑問。」要削弱我們的習性，不再依附成見，而去感知思慮與情緒的流動性，方法就是將注意力轉移到一個比較寬廣的視界。與其沉溺在你編造的劇情裡，不如試試看你能不能感覺到思慮與情緒的動能，試試看你能不能體驗到那圍繞著思慮的虛空：去感覺思慮如何自虛空升起，短暫停留，又回到虛空。如果你不去壓抑思慮與情緒，也不跟著它們跑，你就會發現自己置身在一個很有趣的地方，一個不排斥什麼、也不去合理化什麼的烏有之境。在這裡，你才能夠擁抱你的覺受，在這裡，你才能放眼望去，看見天空。

禪坐的時候，你可能會憶起過去令你悲痛的事件。看著這些記憶，可以是一種解脫。但若你一再重拾悲痛的記憶，一再重述發生的事，耽溺在編造的情節中，它就會變成你僵固的自我感的一部分。你只不過在強化你的自我感——一個遭到不當對待的人、一個受害者。因為不斷責怪父母或其他人錯待了你，你強化著原有的那個怨天尤人的習氣。不斷咀嚼過往的故事，其實是在逃避暗昧不明的生命本質。如果我們不斷用言語去助燃它，我們就會一直陷在痛苦的情緒裡，就好像在餘火未盡的木塊上潑灑煤油，讓它冒出熊熊火焰一般。不去重述它、不去反覆思索它，那麼情緒就會在一分半鐘內消逝。

我們那似乎非常可靠、真實的自我其實是瞬息萬變的。我們的思想、覺受以及對現實的體認，有著無限的可能性。我們有能力從我執的痛苦中解脫，體驗生命的奧祕和它本然的不可掌控性，在那兒，我執是不存在的，你的自我感——你認定的自己——只是一個狹隘的你，不是真正的你。慶幸的是，你可以藉由你的直接體驗，即你在這個當下覺受到的自己，來進入你的自性。當你全然覺知到這個當下：你此刻聽見的聲音、聞到的氣味、感受到的痛苦或舒適，且全然安住在這些覺受裡時，你就能探觸到生命的無限可能。

❀覺察生命本然的無常並安住其中

所有我們的習性模式都是為了維持不變的自我感——「我是個憤怒的人」；「我是個和藹可親的人」；「我是個微不足道的人」。我們可以在這些習慣性的念頭升起時，安住在我們的覺受裡，不只是禪坐時如此，日常生活中也如此。不管是獨自一人還是跟別人共處，也不管我們正在做什麼，不安感隨時都可能浮現。我們也許會把那些強烈、刺痛的感覺視為危險的徵兆，但事實上，它們意味著我們探觸到了生命本然的無常。與其執著於虛妄的自我，以逃避這些感覺，不如如實地體驗它們。這些時刻是修練的大好機會。即便我們身邊有很多人，比方說在一個商務會議上，當不確定感升起的時候，我們都只須呼吸，體驗當下的覺受就好。不必驚慌退縮，不必做出慣性反應，不必戰鬥或逃跑，我們可以繼續與他人互動，並於同時覺知當下的感受。

修練的方法，以它最簡單的形式來說，有三個基本步驟：

全然專注於當下。

感覺你的心。

隨緣地進入下一個當下。

我會在做著其他事情時就地修練這個法門。我越是能在正式禪修時安住於當下，就越熟悉這個過程，也越能在日常情境中這麼做。不管我們在什麼地方從事安住於當下的練習，它都會讓我們覺察到生命本然的無常，我們可以藉此機會來訓練自己對於之前一直在逃避的所有事物保持覺察，並安住其中。

三誓願（Three Commitments），是面對無依無恃的三個層次。而這三個層次都具備一個基本練習，那就是與自己為友——誠實、仁慈地對待自己。這個練習的第一步，就是每當你感到不安的時候，都要願意安住於當下。當這些覺受升起時，不要逃避，而要迎向它們；不要試圖趕走思慮和覺受，而要對它們感到好奇。習慣了不加詮釋地體驗你的覺受，你就會開始了解到，與暗昧不明的生命本質產生聯繫可以提供一個寶貴的機會：讓你如實地面對生命，體驗到不隨意對所經歷的事編造情節能夠為人生帶來自由。

第一誓願

不傷害

為了讓自己的執著完全消失，人們連自己最小的祕密與私密角落都願意放下，真令人讚嘆。那是需要很大的勇氣的。

——丘揚．創巴仁波切

3. 打基礎

三誓願聯合起來，可以幫助我們安住在變動的生命本質中。但我們要如何在生活中信守這些誓願呢？這是個值得探究的問題。

根據字典的解釋，誓願（commitment）就是承諾，做了承諾，我們便在情感和心理上對某個人、某件事或某個行動方針有了必須履行的義務。根據藏傳佛教的傳統觀點，信守誓願不只是做或不做的問題，我們發願時，需要確定我們的意圖，並知道我們發願要做或不做的是什麼，這是誓願之所以具有強大作用的原因。丘揚·創巴以不殺生為例，指出發願不殺生比僅僅不殺生更有威力。獅子或老虎若不殺生，是很大的美德，但因緣俱足時，獅子或老虎幾乎肯定會殺生，因為那是牠的本性。然而，對我們來說，發願——做出承諾——可以讓我們在衝動的時候不按照本能去行動，三思而後行。

❊第一誓願：不傷害

發願，是讓我們自舊習慣和恐懼中解脫的核心。如果要展開解脫的旅程，首要之務自然就是奠定一個穩固的基礎。持守第一律儀——不傷害，便可以是奠定基礎的方法，這個律儀，也就是傳統所稱的「別解脫律儀」，或個人解脫律儀——從抗拒人生真實處境以及生命無依無恃本質所帶來的痛苦之中解脫。有一回丘揚・創巴在開示個人解脫之道時，描述這第一律儀是「從輪迴的焦慮和恐懼中解脫」，換句話說，就是從日常生活中的苦裡解脫。據另一位藏傳佛教上師康卓（Khandro）仁波切的解釋，這個律儀可以防止我們墜入或追逐不必要的渴欲、侵犯與疏離。它是其他兩個律儀——幫助他人，以及如實擁抱這個世界——的基礎，也是帶領我們歡喜安住於無常的門徑。

那麼，第一律儀該如何持守呢？你需要對你的心、你的思慮和情緒下工夫，好讓自己能夠察覺並清楚地知道自己在試圖逃避生命本然的無常。你是如何設法填補時間和空間，以逃避當下的覺受？你的行為是如何不由自主？第一律儀可以幫助我們不去執行固有的逃避模式，讓我們清楚看見自己正想逃離的衝動，然後有意識地決定不這麼做。

我們都有些熟悉的出口：在電視前昏沉地消磨時間，身不由己地一再查閱電子郵件，晚上回到家喝三、四杯或更多杯酒，暴飲暴食，超時工作。有時我們的出口就只是閒聊，漫無邊際地聊個不停。這個律儀要處理的很大部分即是言語，利用言語來轉移注意力的方法不計其數，不只是指說出來的話，我們幾乎隨時都在心裡跟自己對話。我喜歡閉關禪修的原因之一，就在於它可以讓我清楚地看見：即便在全然靜默中，我的心思依舊忙碌。

持守第一律儀，就是要我們出離對自己和他人有害的言語和行動。它讓我們更能感知自己的覺受，以致每當我們升起說謊、詆毀或偷盜的衝動時，每當我們急欲將欲望或攻擊付諸行動，或以各種方式逃避之時，我們就止住它們，因而得到解脫。

❊持守四戒律讓我們有餘裕自我檢視

為了協助我們出離有害的言語和行動，我們可以發願持守四個傳統戒律——不殺生、不偷盜、不妄語、不邪淫。這些戒律，可以發願持守一天、一個星期，或者一生。受具足戒的比丘和比丘尼要持守的戒律不勝枚舉，但佛陀說最重要的就是這四個。基本上，持守這些戒律可以讓我們有餘裕去檢視每個以負面方式來表達自己的微細衝動，然後在對自己的覺受了了分明的狀態下，選擇不去做出任何會造成傷害的事。

故而解脫之道，說得簡單一點，就是「止離」（編案：refrain，有避免、離棄之意，在佛教語言中，即防非止惡的「防」和「止」之意）傷害自己和他人的衝動。很多人聽到

「止離」，會直接想到「壓抑」，以為當衝動升起時，就該將之壓抑下來。精神治療界有一個爭論不休的議題，即壓抑與宣洩，哪個傷害更大？我認為兩者的傷害不相上下。言行一出，就會產生連鎖反應，他人的情緒也會牽扯進來。如果你將攻擊、渴欲、嫉妒、羨慕、傲慢之心付諸言行，那就像投擲一顆石子到水池後漣漪四散，身邊的每一個人都會受到影響。而如果你壓抑你的覺受，周圍的人也同樣會受到影響，因為你就像他們身邊隨時會引爆的炸藥。

止離言行上的衝動，可以讓我們慢下來，讓我們能夠非常、非常清楚地看見自己的習性反應。除非我們能看見自己的反應，否則不可能明確知道是什麼困住了我們，以及什麼可以幫助我們解脫。但重要的是，要懷著**慈悲**的心來自省，以止離衝動。我們要由衷地信任自己內心的本初善，懷著這樣的信任來看待自己的言行。我們要相信自己擁有仁厚的心和開放的思想，相信自己如果不被情緒蒙蔽，會知道什麼有益、什麼有害。

如果你相信自己的本性善良，而不是有缺陷的，那麼看著自己宣洩或壓抑情緒之際，你會越來越明白你不是一個需要改過自新的壞人，而是一個有著來得快去得快、容易鍛造的習性，並深深受苦於這些習性的好人。懷著這樣的心態，你就能對這些來來去去卻又根深柢固的習性瞭若指掌，也因為你能夠如實、慈悲地看待它們，它們不會持續壯大。

有人形容看清習性的過程，就好比你有一塊很大的空白畫布，然後拿起一支畫筆，在上面點了一下。空白的畫布代表人的本初善——你本初、沒有罣礙的本質，而那一點則代表一個習慣。它可能只是一個很小的點，但在空白的畫布上會十分醒目。從這個觀點來看，不管你說了什麼、做了什麼，或者沒說什麼、沒做什麼，你都能了了分明。此時，你便可以開始訓練自己在行動的當下，知道自己在做什麼，並慈悲地看待自己的言行。你若能夠看見自己落入窠臼裡，能夠在你說話或行動之前覺察到這一點，你會感到欣喜。我們都背負著一籮筐的舊習，但幸好，它們是可以卸除的，因此，我們無須讓它們永久拖累我們。止離是很有效的方法，因為它讓我們有機會覺察到自己的枷鎖，然後擺脫它。

每次我們沒有止離衝動，而藉由言語或行動來宣洩情緒時，我們就等於在強化舊有的習性，強化煩惱、我執，也等於是讓苦的整套機制持續運轉。但如果我們止離，就能讓自己去體驗那潛在的不確定感——焦躁不安的能量——而不試圖逃避它。逃避的途徑垂手可得，但若我們不去使用，我們便正在探觸那根本的不安感，並且安住在其中，而不受思緒和情緒左右。我們並不是在試圖滅絕思慮，只是在訓練自己不要陷入它們的泥沼。吉噶．康楚在他避靜小屋的前門上掛了一個牌子，上面寫著：「不要相信你所有的念頭。」我在這裡說的，基本上就是這個意思。

當我們越來越能覺察到自己的思緒與情緒，並仁慈地懷著興趣與好奇心去觀照時，我們就會看見自己原來是如何以自我武裝來對抗痛苦，自己的盔甲是如何使我們無感於他人的痛苦以及美好。但如果我們放下不斷重述的故事以及自我感——特別是那根深柢固的「我不夠好」的感覺——那盔甲就會開始崩解，我們就能迎向我們寬廣的真實本性，迎向那潛藏在短暫的思緒和情緒背後的自性。我們會發現我們的盔甲不過是習性和恐懼鑄造而成的，進而開始覺得棄之無妨。

第一律儀要我們認清是什麼導致我們的苦，看清避苦的途徑，讓我們有能力避開走那些途徑，從而得到解脫。科學研究顯示，每次我們止離，而非壓抑衝動時，大腦會開啟新的神經通路。換言之，不採取慣常的逃避路徑，我們就比較能夠以新的方式看待自己、看待我們身處的這個神祕、不可預測的世界。

三律儀不是說教，跟做個「好女孩」或「好男孩」毫不相干。它們指的是擁抱一個更寬廣的視界，並且徹底轉化。了解第一律儀，了解這個基本前提——認清我們的逃避路徑，不去追隨它們，才能了解接下來的兩個律儀。

第一律儀常被稱做窄路，因為它就像是走在一條非常狹窄的通道上，一旦失去覺察，就會走偏，撞到牆。所以你必須不斷把注意力拉回來，專注在那條通道上筆直前行。這個律儀說穿了很簡單，就是選擇要不要為了逃避而說話或行動。其他兩個律儀較有彈性，就沒有那麼清楚且令人安心的界限。所以，這個簡單明瞭的法門——不任意說話或行動，僅此而已——是個重要的起點。持守第一律儀，我們必須勤於中止習性的衝力、逃跑的衝力，否則當律儀益發艱難、益發無所依恃的時候，我們會在焦慮、不安或不滿的情緒升起的那一刹那，不假思索地退出。

我們的逃避行為，很多都是不由自主的：癮頭以及逃避痛苦的覺受，是其中兩個例子。任何曾經處理過強烈癮頭——強迫性進食、強迫性性行為、濫用藥物、暴怒，或任何我們無法掌控的行為——的人都知道，當衝動升起時，因為誘惑力太強大，我們是無法抗拒的。所以我們需要在比較不那麼容易使衝動升高的情境中不斷修練，在那種狀況下，衝動雖然存在，但不至於勢不可擋。我們藉由面對日常的煩躁，來培養面對強烈情緒時所需的止離能力。那需要耐心，並且理解到如果我們繼續採取慣常的逃避方式，任意說話或行動，我們其實是在傷害自己。

❋發願是為了觸及內在更深的東西

我常聽人說：「哦，我不需要發願不殺生，我本來就不殺生。」或者「我不偷不搶，而且雖然我不是和尚或尼姑，但我已經禁慾二十年了，所以幹嘛還要發願戒斷有害的性關係？」

持戒的重點，在於讓你觸及更深的東西。在日常行為的層次，不殺生、不偷竊、不從事傷害他人的性活動，叫做外在出離，比較像是行禮如儀：在外在的層次，你遵循規範。但外在出離可以讓你覺察內在的實相：執著、固著、對潛在的不安、無依無恃感的逃避傾向。不說有害的話、不做有害的事，是外在出離；選擇不去逃避深層的覺受則是內在出離。戒律只是一種手段，好讓我們探觸到深層的不安、生命的變動本質。能夠面對這種覺受以及它所引發的焦慮，是內在出離。

假設我發願不詆毀、不道人長短、不說刺耳的話，但我獨自住在林中小屋裡，沒有說話的對象，那麼持守不造口業的戒律是很容易的事。但若我一跟別人在一起，就開始說人閒話，那就表示我並沒有真的了解說話傷人的惡果，也並不真的了解那驅使我道人長短的情緒。然而，一旦持戒，意味著我總會在談話前三思，因此，無論我們決心受持四戒、五戒、八戒，或好幾百戒，發願可以讓我們抵擋得了誘惑。

你可以練習看看，發願每個星期一天，或每個月兩天，或在你閉關禪修的期間，或者終身，持守下列的一個或多個戒律。前四戒是最基本的。第五戒，不碰毒品或酒精，常併入其他四戒。以下這五戒的呈現，大體上是根據越南一行禪師（Thich Nhat Hanh）的闡述。

保護生命

因為明白殺生所帶來的苦，我發願不摧毀任何生命。我將盡我所能去培養慈悲和不侵犯的心，並學習去保護生命。

尊重別人的所有物

因為明白偷竊或奪取屬於別人的任何東西所造成的苦，我發願不是給我的東西我不取用。我將盡我所能去尊重別人的所有物。

不利用我們的性能量去傷害他人

因為明白失念（編案：unmindful，有不警覺、漫不經心之意）或攻擊性的性能量所造成的苦，我發願忠於我目前的伴侶，不利用我的性能量去傷害別人，我將盡我所能去了解什麼對我自己和別人有害，去培養不執著的真愛和尊重。我發願去利益眾生。

正語

因為明白失念的話語所造成的苦，我發願培養正語。知道言語可以帶來快樂或痛苦，我將盡我所能不說謊、不搬弄是非、不詆毀、不說嚴厲或無意義的話、不說任何會導致不和或仇恨的話。我發願永遠說實話。

保護身心

因為明白酒精、毒品和其他麻醉物品所造成的苦，我發願不飲酒或使用毒品。我將盡我所能地在生活中提升內在的力量和彈性，以及我對眾生和生命本身的開放度。

不過，僅僅守規——遵守戒律的字面意涵——是不夠的。執著於外在的形式，不過是強化我執的另一種方式，是一種鞏固自我形象的方式，以證明自己是個有德有守、比他人純淨的人，換言之，那只會強化傲慢。除非我的修持也包含內在出離，認清自己正在藉由建立這種高潔的形象來鞏固自己的身分地位，否則僅僅遵循戒律可能跟背離戒律一樣有害。

在《入菩薩行》中，寂天列舉了各種言行上的衝動。無論是哪一個狀況，他的建議都是：不要這麼做。當欲望或渴欲升起時，或以言語、行動攻擊的衝動升起時，「不要行動！」他這麼告誡。「安靜，不要說話！」這就是第一律儀的基本指示：**不要行動，不要說話**。那是外在的功課，另外還有內在的功課：探索當你不行動、不說話時，接下來發生的事。寂天的建議是：

當你的心湧現輕蔑
充滿傲慢與狂妄，
當你想要拆穿別人不欲人知的過失，
想重提過去的芥蒂或偽裝自己，
當你想要博取別人的稱頌
或批評、毀壞他人的名譽
或出言不遜，劍拔弩張，
這時你就該像塊木頭一樣，什麼都不做。

❋選擇不執行欲望，啟動轉化作用

如果沒有事物引誘我們發作，這個不傷害的律儀對我們不會產生什麼轉化作用，但如果我們想透過言語或行動來宣洩情緒時，或當我們渴欲財富、關注、名望、榮譽、肯定，以及寂天所說的「一群仰慕者」時，選擇不去執行這些欲望，這個律儀就具有轉化作用了。也許你希望大家都喜歡你，或者你想貶低他人來營造自己的優勢；也許你想議論別人，或不耐煩，或意圖挑釁；也許你情不自禁地想執行寂天所說的「狂妄的言論或無禮的行為」，或譏笑、嘲諷、輕蔑……，總之，如果你覺察到自己的意欲，而選擇不將之付諸行動，你的心就會開闊一些；相反地，若執著於自己的觀點和想法，認為自己永遠是對的，不容他人質疑，你會陷入永無止境的痛苦中。或許你不斷惹惱別人或讓別人感到自卑，經常處在不必要的爭鬥中，這該如何對治呢？寂天告訴我們：檢視自己。如實地看著你當下的言行，「注意有害的念頭和一切無益的對抗，應用正確的方法來保持心的穩定。」他說。

當你在止離衝動時——當你感覺到慣性的思緒和情緒的拉力，而你選擇不藉由言語或行動的宣洩來逃避時，你可以試試這個內在出離的練習：

注意你的覺受：這些渴欲或攻擊性的衝動給你的身體帶來什麼樣的覺受？

注意你的思慮：這些覺受帶來什麼樣的念頭？

注意你的行動：當你有這些覺受時，你是如何對待自己和別人？

這就是持守律儀的意思。有人曾問丘揚．創巴：「要持守什麼呢？」他回答：「持守清醒。」我們也可以說就是發願勇敢、發願無條件地與自己為友。

要進一步了解內在出離的意義，你可以試試下面這個**出離一件事**的練習：

在一天中（或一個星期一天）止離自己的某種慣性逃避行為。選一個具體的行為，例如大吃、大睡、超時工作、三不五時發簡訊或查閱電子郵件。告訴自己你決心在這一天裡溫和、慈悲地止離這個習性。下定決心去做。做的時候，懷著這樣的心態：這麼做會讓你探觸到你一直在逃避的深層焦慮與不確定感。去做，然後看看你有什麼發現。

止離慣性的思慮和行為後，那種不適感依然會存在，並不會神奇地消失。這些年來，我開始稱安住在這種不適感中為「戒斷期」，因為當你不執行你的慣性反應時，那感覺就像戒斷一個癮頭一樣。你會有想要逃跑的感覺，而這個練習就是要你全心全意地體驗那種感覺。

深層的焦慮有時是非常強大的，它可能會讓你感到絕望，甚至驚恐。但重要的是，你可以安住在你的覺受裡。如果你能經歷那恐懼、絕望、各種形式的抗拒，你就會發現本初善，所有的障蔽都移除了。已故的里克・費爾茲（編案：Rick Fields，美國記者、詩人，也是研究佛教在美國發展狀況的重要權威）曾在他的一首詩中談到這個過程：

這個世界——絕對的純淨，
本然如此。在恐懼、
脆弱的後面，在那後面，
是悲傷，然後是慈悲，
慈悲的後面就是寬廣無垠的天空。

藉由這個練習探索內在出離，我們就能逐漸不被建立在恐懼之上的我執所蒙蔽。當我們慈悲、無懼地接受生命的實相——我們的習性、我們的情緒、我們無所依恃的狀態——慢慢地，根本的轉化就會開始，然後我們就會體驗到如天空般、沒有偏見的本心。丘揚·創巴說，這種狀態的心是全新、沒有任何偏見的，我們稱它為菩提心。換言之，菩提心本來就在，我們只需去覺察它、認識它、信任它。但首先我們要去體驗我們的抗拒，了解它的每一個微細變化、它的策略和出口，這樣我們才能明心見性。

❋還淨：給自己重新開始的機會

但要是我們背離這個律儀呢？要是我們，比方說，造了身業或口業呢？那時我們該如何是好？如果我們偶爾無可避免地落入慣性模式、習性的逃避伎倆，我們如何回到修行的路上？

佛法裡有一種練習叫做還淨（Sojong），可以提供我們一個機會去反省我們的出離心，並且在我們覺得自己把事情弄得一團糟的時候，讓我們能夠釋懷，重新開始。按照傳統，還淨一個月有兩次，分別是農曆初一和十五。還淨的前一天，每個人要回顧前兩週，自省：**我的身做了什麼？我的口做了什麼？還有我的意：它是穩**

定的，還是散漫的、始終不在當下？探索這些問題時，我們盡可能不批判自己或歸咎他人。在甘波修道院，還淨的前一天，我們會聚在一起，討論我們兩星期來修習的課題，針對什麼對我們有益、什麼阻礙我們，分享彼此的洞見。

還淨本身有點類似十二步療程的第四和第五個步驟，即對自己進行「探索、無懼」的檢視，明白自己在哪裡偏離了正軌，然後與另一個人分享。還淨是一種卸除罪惡感的過程，它要我們誠實地檢視自己，知道自己做了什麼，知曉我們現在的狀態，然後放下對自己的論斷，繼續修習，而不是認定自己「無可救藥」。即便幾個星期、幾個月，甚或幾年過去了，你仍然無法戒斷妄語（或其他習性），你可以說：「好吧，這就是我現在的狀態，我毫無保留地坦承現在和過去發生的事，然後懷著重新開始的態度前行。」

這些話，你不需要對一群人或另一個人說，但大多數的人覺得如果將自己的觀察告訴別人——也許是朋友，或者心靈導師，他們比較能夠放下對自我的論斷。無論你怎麼做都無妨，重點是要完全誠實，同時拋開罪惡感。曾有一群學生請教丘揚·創巴有關罪惡感的問題，其中一人因為在越戰中殺過人，深受自我厭惡與內疚之苦。丘揚·創巴告訴他：「那時是那時，現在是現在，你永遠都可以隨時連結到你的自性，從過去解脫。」與其讓悔恨成為罣礙，我們可以利用它來激勵自己不再傷害別人，從中增長智慧。我們的本性是良善的，不是有缺陷的，這是我們可以信賴的。

你永遠都可以重拾你的律儀，再度發願止離。但話說回來，如果你無法全然地自知自覺，那麼你的習性只會越變越強大，使你會不斷重蹈覆轍。所以這個以第一律儀展開的過程，是要我們清楚看見自己的身、口、意，同時誠實、心平氣和地承認過去發生的事，然後將有害的作為擱置一旁，繼續前行。

沒有人能完全持守不傷害的律儀，但仍不時有學生問我：「我如何能始終如一地持守這個律儀？如果我反正做不到，那持戒又有何意義呢？」十八世紀的佛教上師巴楚仁波切（Patrul Rinpoche）曾說，傷害基本上是無可避免的。他的著作《普賢上師言教》（*The Words of My Perfect Teacher*），有一整個單元都在探討傷害的各種方式：無數的人因為製作我們穿的衣服、提供我們吃的食物而受苦，甚至有生命因為我們走路而受苦，「有誰腳下沒有踩過數不勝數的小昆蟲呢？」他問。我們無法逃離這個處境，因為我們與萬物是相連的，但重要的是，不傷害的心念。在日常生活中，不傷害的心念指的是善用我們的身、口、意，在行動或言語上不去蓄意傷害別人、動物、鳥、昆蟲，或任何生命。

我們不只要發心不傷害，巴楚仁波切說，我們還要發心投入相反的志業：我們援助、療癒，竭盡所能地利益他人。

4. 全然安住於當下：感覺你的心，然後邁步向前

全然安住於當下，感覺你的心，然後懷著開放的心迎接下一刻，是一個隨時隨地可做的練習：譬如早上醒來的時候，或跟一個難以應付的人談話之前，或每當恐懼或不適感升起時。這個練習是宣示你勇士精神的絕佳方法，讓你成為一個心靈上的勇士。也就是說，它是一個宣示勇氣、仁慈、力量的方法，每當你想做這個練習，你可以暫時停下你正在做的事，向內去探觸你身體上和心理上的覺受，然後與你的心連結，如果你願意，你甚至可以將手放在心的位置。這是向此刻你所覺受到的一切傳達溫暖和接納之意。背痛、腹瀉、恐慌、憤怒、不耐煩、鎮定、喜悅，不管你當下處於什麼樣的狀態，你可以如實地接受它，無須貼上好壞的標籤，也不須告訴自己該或不該有這種感覺。如實地與它連接，懷著愛與接納的心，你便能懷抱

著好奇與勇氣前行。我稱這第三步為「邁步向前」（taking a leap）。

要做這個練習，我們大都需要一點助力。全然，或只是部分安住於當下，並非總是輕而易舉，我們也並非時時都能溫暖地對待自己，要放下我們習慣的處世態度，然後邁步向前，就更不容易了。慶幸的是，禪修提供了我們所需的力量，我們可以透過它，練習安住於當下、慈悲地對待我們的心，然後放下。

我們可能會藉由彈鋼琴來培養我們的音樂能力，或者鍛練一項運動來培養運動能力。同樣的，我們也可以藉由禪修，來修練我們的心本具的能力：專注於當下、感受愛與慈悲、超越僵固的想法與觀點。我承襲而來的以及我修練的禪法，包含三個主要部分：姿勢、觀照的目標，以及我們看待思慮的方式。我會在說明這些層面時，指出如何安住於當下、感覺你的心，以及放下。

❀禪坐的六個重點：座位、腿、軀幹、手、眼、嘴

禪坐的基礎訓練，首要注意的是姿勢——如何讓我們的身體在禪坐時能夠支撐我們。一開始，我們要全神貫注在自己的身體上，去覺察我們的座位、我們的腿、肩以及軀幹。我們採取的是一種莊嚴、端正但放鬆的姿勢，它有助於我們把心安頓下來，從而探觸到內在的自信與尊嚴。我們藉此宣示我們的勇士精神，宣示我們的勇氣，宣示一切圓滿的根本覺受。身體端正，心就端正。根據丘揚・創巴所教的法門，良好的姿勢包括六個重點，分別是座位、腿、軀幹、手、眼、嘴。這六個重點可以幫助我們做好這第一步。

第一點是**座位**。禪坐有時也叫打坐。打坐意味著保持覺察地坐著，同時相信你有權利坐在那裡，有權利保持全然清醒。照理說，座位應當是平坦且平衡的。但如果你喜歡，你可以在你的屁股下墊一個蒲團，來提高你的骨盆，讓它稍微向前傾斜，這樣既可幫助你安適地坐著，又可防止你彎腰駝背。無論怎麼坐，你的身體應

該是筆直的，不要過於前傾或後傾，也不要向右或向左偏斜。重點是找到一個舒適的姿勢，讓你不至於在禪坐時扭動或不斷變換姿勢。

如果你覺得坐在蒲團上不舒服，可以坐在椅子上，最好椅背是垂直的，椅面是平坦的。坐在椅子上時，身軀要微微前傾，這樣你才不會靠著椅背，雙腳也才能平坦地放在地面上。

良好姿勢要注意的第二點，是**雙腿**。如果你坐在蒲團上，你的腿應該要安適地在你的前方盤起來。為了減少背部承受的壓力，最好不要讓雙膝高於你的臀部。你可以實驗不同的盤腿方式，直到找到你覺得舒適的方式。如果你在禪坐時感到很不舒服，可以暫時採取休息的姿勢：背部保持挺直，膝蓋彎曲地將腿立起來，拉向你的胸前。你可以用手臂環繞雙腿來穩定它們。

良好姿勢的下一個要點是**軀幹**（從你的頸部到座位的這個身體部分）。不管你選擇何種姿勢，軀幹都要保持挺直。丘揚．創巴的指示是：「前胸開放，背部強固」。強固的背並不是僵硬的背，而是指脊柱挺直、肩不拱起。這麼一來，心臟部位就能完全打開，你便能感覺到你的心。要是你開始彎腰駝背，心臟會遭到壓縮，就彷彿你把心關閉一樣。這時你就再次把軀幹挺直，打開你的心，準備迎接任何升起的覺受。有人會觀想脊椎骨一節一節地疊立起來，以保持軀幹的挺直。也有人會想像頭頂上有一條無形的繩子將身體往上拉。下巴要微收，不要往前翹。

手是良好姿勢的第四點。一種典型的姿勢，就是把手放在你的大腿上，手掌朝下。這是傳統稱為「安心」（resting the mind）的姿勢。手臂的長度因人而異，所以你需要實驗一下，看看你的手可以安適地放在大腿的哪個地方才能保持身體筆直。

接下來是**眼**，即良好姿勢的第五個要點。有些人喜歡在禪坐時把眼睛閉上，但在我修練的法門裡，眼睛是張開的，溫和地往下注視著前方約四至六呎（編案：約一百至二百公分之間）的位置。張開眼睛是為了培養開放的包容心，沒有罣礙地接受禪修時升起的一切思緒和情緒，以及周遭的狀況。這麼做可以幫助我們全然安住於當下，並培養接納的態度。

姿勢的最後一點是**嘴**。嘴要微微張開，目的是讓下顎放鬆，以便氣息順暢地通過鼻子和嘴巴。

開始修習禪坐時，首先要練習的就是良好的姿勢，一一檢查六個要點。有些人稱之為「重拾存在感」（flashing back to the sense of being），這可以讓我們在看著生命的故事在眼前放映時安住在自己的身體裡。

我們可以隨時練習安住於當下，不必正經八百地禪坐。專注的目標或焦點，可以是任何讓我們回到當下的東西。在路上行走時，觀照的焦點可以是我們的腿和腳；洗碗時，可以把焦點放在我們的手上。我們可以把正念帶入任何一件事——開門、洗頭、鋪床。

❊專注的目標：觀息

正式禪坐時，專注的目標或焦點是呼吸；觀息，可以幫助我們安住於當下。當我們分心的時候（這是很可能發生的事），不要把它當回事。對於禪修，我們始終都應抱著溫暖和包容的態度。一如我的老師薩雍・米龐（Sakyong Mipham）常說的，禪修應當來自心。一旦心散漫了，我們就把它帶回當下，一而再、再而三地把心帶回當下。我們不去刻意嘗試什麼呼吸法，只是單純的讓氣息自然地進出。氣息本來就是抓不到的，我們根本無法加以掌握。我們體驗到它不斷生起又滅去，回到虛空，因此我們的呼吸即時提供了我們與無常連結的機會。把呼吸當作我們觀照的目標，可以帶領我們進入人生根本的無依無恃狀態，去體驗放下的感受。這為三步禪修法的第三步——邁步向前——提供了很好的練習。因為禪修就是訓練我們接受、安住於一切升起的覺受，所以它也為我們的自我接納和溫暖待人的能力打下良好基礎。換言之，它就是訓練我們去感受自己的心。

在一呼一吸之間，我們沒有壓力，輕鬆地觀息。有些人喜歡只觀呼出的氣息，但不管焦點是吸氣還是呼氣，你都應該非常輕鬆地關注，讓自己只有四分之一的覺察放在呼吸上，而四分之三則放在氣息周圍的虛空。氣息呼出，消融在虛空裡，然後我們再將氣吸入，這個周而復始的過程，無須我們去引發或控制，每次氣息呼出，我們放掉它就好。不管是我們的思緒或情緒，周遭的聲音或動作，無論什麼事發生，我們都練習去接受它，不做任何價值論斷。

我們的心本就具有安住於當下的能力，把呼吸當作覺察的目標，可以撐持這個能力。但大多數人剛開始禪修時注意到的第一件事，就是我們的心多麼容易散漫，多麼容易分心，迷失在計畫和回憶中。當心散漫的時候，呼吸便是我們永遠可以返回的本壘。

逃向思緒和幻想，這種退出的習性，是司空見慣的事。事實上，我們大部分的時間都在幻想。夏綠蒂・淨香・貝克（Charlotte Joko Beck）禪師稱這些奇思怪想為「替代性的人生」。

當然，我們並不是在禪坐的時候才會游離到替代性的人生裡，我們也會在聽別人講話的時候神遊他處，那人就在我們面前，而我們的心卻飄到了威基基海灘。我們神遊的方式，最主要是不斷在心裡評論正在發生的事，以及我們當下的覺受：**我喜歡這個、我不喜歡那個、我好熱、我好冷等等**。事實上，我們可能會深陷在這樣的內在對話裡，以致於看不見身邊的人。因此，禪修有一個很重要的部分，就是不帶攻擊性地將我們腦子裡正在進行的對話放下，歡歡喜喜地回到當下，與我們的身體同在，與我們的心同在，既不瞻前，也不顧後，而只是專注於當下這一刻，即便只是短暫的片刻。

想把注意力拉回呼吸上，我們可使用一個叫做標註（labeling）的方法。每當我們注意到自己分心的時候，就在心裡下一個註記：那是「思」，然後溫柔地把注意力拉回到呼吸。禪修的時候，懷著仁慈的態度是很重要的，因為它可以訓練我們與自己為友，而不是去強化嚴苛和自我批判。所以，我們應當試著以一顆仁慈、不帶批判的心去下這個標註。我喜歡把念頭想像成泡泡，而標註就像是用一根羽毛去碰觸它們。這和攻擊我們的念頭，試圖把它們當作飛靶射擊下來，截然不同。

有一個學生稱他腦子裡的聲音為「小小中士」，這位中士總是很嚴厲、苛刻，總是疾言厲色地發號施令：「打起精神！按照正確的方法做！」然而，我們要培養的是無條件的自我接納，是一種與心同在的感受。當我們發現自己正在以嚴厲的口吻給思慮下標註時，我們可以停下來，改用比較仁慈的語氣。

有一種傳統的禪修法，是要仔細觀照升起的是什麼樣的念頭，據之給與歸類，如：嚴苛的念頭、好玩的念頭、熱情的念頭、憤怒的念頭等等。但由於這樣標註念頭帶有批判性質，丘揚．創巴建議我們拋開所有將念頭界定為好或不好的標籤，代之以單純地將它們標註為「思」，畢竟，那就是它們的實相，思慮而已，別無其他。

從忍受日常小煩憂中培養面對逆境的能力

寂天力勸我們即便感覺極度不適，也要安住在當下。「習慣了、熟悉了，沒有什麼做不到的事，一切都會變得越來越輕鬆」，他說，「忍受小罣礙，可以培養我們面對大逆境的能力。」

但究竟要如何訓練自己安住於當下，讓我們不僅能面對生活中讓我們憂煩的小罣礙，還能面對「大逆境」呢？藏密上師宗薩．欽哲（Dzongsar Khyentse）稱日常生活中讓我們憂煩的事為「世俗的煩惱」（bourgeois suffering）。全然接受這些日常的不便，諸如：我們最喜歡的餐廳關門了、塞車卡在路上、惡劣的天氣、飢腸轆轆，我們便能培養出面對較大的挑戰時安住於當下的能耐。禪修讓我們能夠面對思緒與情緒，面對在艱困外在情境下不斷升起的恐懼與疑慮。即使是嚴酷的逆境，透過觀息，我們也能學會與我們當下所有的經驗同在，並學著標註出思慮，把它們放開，然後回到當下。

有些人認為標註既麻煩，又沒有必要，但這個練習可以發揮深遠的效果。不加論斷的標註可以幫助我們看見思慮朝生暮死的本質；它們總是會消散，總是難以捉摸，總是無法預測。當我們稱它們為「思」時，我們就是在指出念頭的空性，指出思緒與情緒的虛幻性。

這個基本的禪修法門，是為了幫助我們保持開放和接納，不只針對我們的思緒與情緒，或是針對外在環境和我們遇見的人，還針對無依無恃的狀態本身——那股為我們渴望安定的部分帶來莫大威脅的潛在能量。這個練習可以讓我們去貼近這個焦躁、不適的能量，讓我們熟悉無所依恃的狀態，使我們越來越能在不知道會發生什麼的情況下，勇敢地踏入下一刻。它提供了我們邁步向前的練習，也讓我們有餘裕去察覺我們的心是如何設法即時娛樂我們，或上演逃避、報復的戲碼，或施展渾身解數來提供我們安全與安適感。

❁與生命中的無常做朋友

持續修練，我們就會開始發覺，生命無常與變動的能量不盡然是一種威脅，它也具有振奮、解脫、啟發的作用。同樣的能量，我們卻有兩種不同的體驗。我們可以安住在其中，視之為我們的本心、無條件的本初善，我們也可以去對抗它。當我們去對抗它，視之為可怕、不舒服、焦躁的能量，以致於我們身體想要有所行動、心想要依附什麼的時候，我們可以練習這個標註念頭的基本方法，把它們放開，然後將注意力拉回到呼吸上，安住在當下的覺受裡。我們可以坐下來，即便一天只花十分鐘也好，修習正念、覺醒、安住於當下。我們可以練習溫暖與接納，我們可以練習放掉呼出的氣息、放掉思慮，以開放的心迎接下一刻。這就是我們為這三步法的練習所必須做的準備，當然也是為一個覺醒的人生所必須做的準備。

薩雍・米龍建議我們坐下來禪修時，想想我們這一次修習的意圖。我們也許是想透過不斷回到我們的身體、回到當下的心情和四周的狀況，來強化心本來的定性；或者，我們的意圖是與自己為友，在禪修時不去嚴厲地批判自己，那麼我們或許可以練習在標註時注意自己的語氣，並在禪修時放輕鬆，不要過於緊繃或目標導向；或許，我們想練習的是放下，不要彷彿那口氣是救生筏似地憋緊氣息，或是不執著於自己的意念、不相信我們自己編造的故事；也或許，我們的意圖是在思慮升起時，能夠覺察它們，然後練習把它們放下。我們修練的目的可能以上皆是，或以上皆非，它可以是任何對我們個人來說特別重要的課題。

我們可以每天挪出一段時間修習，即便五分鐘或十分鐘也好，當然我們也可以想做多久就做多久。

首先，想想你這一次禪坐的意圖何在。然後一一檢查良好姿勢的六個要點，好安頓你的身體。接著，如果你願意，你可以數息，從一數到十，或從一數到二十，藉此安頓你的心。然後停止數息，僅僅將些微的覺察帶到呼吸上。在禪坐過程中，持續、平和地覺察氣息的進進出出，或只覺察氣息的呼出。分心時，溫柔地將念頭標註為「思」，然後歡喜、不加批判地將你的注意力拉回到呼吸上。

修練一段時間後，當思緒開始安頓下來時，我們就會開始更清楚地看見自己的模式和習性。這可能是個痛苦的經驗，但如實接受當下的自己，而不是我們希望的或理想的自己，是無比重要的功課。培養對自己以及所有升起的覺受不加批判的包容心，我們就會驚喜地發現自己已能欣然接受生命的不可掌控性，並視之如朋友、老師、助力，而不再是敵人。

5. 留在中間地帶

傷人或惡毒的話，輕蔑或不以為然的表情，攻擊性的肢體語言，這些都是我們造成傷害的方式。第一律儀可以讓我們在忍無可忍的時候慢下來，有足夠的時間去貼近我們的覺受、貼近攻擊或退縮的衝動——那些會讓我們變得橫行霸道或麻木不仁的衝動。於是，我們會對自己的渴欲、厭惡、想要造口業或身業的情緒變得警覺。

擺脫慣性的行為模式，只是不傷害他人或自己的第一步。你必須進入更深的層次，探觸止離所帶來的不適感，這轉化的過程才算真正開始。吉噶・康楚要我們修練一種溫和的慢煨法，來對治我們的攻擊傾向。他說，不要「像在湯裡烹煮一塊肉一樣地讓你的攻擊衝動沸騰」，而要像小火煨煮一樣。我們讓自己等一等，耐心地與我們一如往常想要說出口或付諸行動的衝動同在，去全然體驗那股衝動的力量，不迴避，也不屈服。我們既不壓抑，也不排斥，而是停留在這兩端的中間——在贊同與反對、是與非、對與錯的中間。這個旅程可以培養我們懷抱著仁慈和勇氣去承受痛苦的能力。慢熈是一種取得內在力量的方法，它有助於我們培養對自己的信任——信任自己有能力去承受生命的躁動、無依無恃、根本的無常，並且安頓我們的心，而不會做出對自己或他人有害的事。

在發心持守第一律儀之前，我們需要問自己是否決定要改變？是否對自己不斷重複的固有模式厭惡到極點？是否願意敞開心，讓新的可能性浮現？逃避的習性具有非常強大的力量，當我們被它箝制的時候，我們是否願意承認？我們是否願意了解那些支配我們的欲念，而不做出慣性反應？我們是否願意接受無常，至少願意全力以赴地嘗試？如果我們對任何這些問題的答案是肯定的，那麼我們就可以發願持守這個律儀了。

❋行住坐臥時時保持清醒與覺察

發願不傷害，可以帶領我們擺脫釀成苦果的反應方式，但這時的我們仍未達到完全自由自在的境界。我們必須先經歷一個成長適應的過程。那個過程，那個轉變，就是如實地安住於當下的覺受。在這個過程中，支持我們的必要修練，就是正念：全然專注於此時、此地。禪修就是正念的一種形式。正念其實有許多名稱，**專注**（attentiveness）、**當下**（nowness）、**同在**（presence）只是其中幾個。基本上，正念就是保持清醒，全然處於當下的清醒狀態，丘揚・創巴則稱之為：對生活中的所有細節保持覺察。

當然，生活中的具體細節，每個人都不大一樣，但對所有人而言，無論我們在做什麼，諸如：準備晚餐、交談、洗衣、拖地、洗碗，都應該保持清醒。穿毛衣的時候、繫鞋帶的時候、刷牙的時候，我們的心不是在，就是不在，一如這個律儀的其他方面，我們不是清醒，就是睡著；不是注意著，就是心不在焉。兩者的對比相當明顯。丘揚·創巴強調的是，藉由正念以及觀照生活細節，來培養我們對自己以及這個世界的領悟，並且自苦中解脫。

擁抱你全部的覺受，包括愉悅的和艱困的，可以幫助你培養出內在的力量。擁抱所有覺受，就是對自己仁慈的一個定義。對自己仁慈，並不是設法讓自己隨時都感到滿足，以建立一個讓你時刻都安適的人生。它指的其實是，安排你的生活，讓自己有時間禪修、反省，有時間以仁厚、慈悲的心如實面對自己。這麼一來，你就越來越能看見自己當下的狀態，看見自己上鉤，看見自己陷在暗潮洶湧的情緒裡，看見自己執著，看見自己放下。這樣你就能跟真實的自己成為真正的朋友，同等接受自己的怠惰和勇氣。沒有一個步驟比這個更重要了。

這是件很棘手的事，因為這既要不排斥自己的任何部分，卻又同時清楚意識到其中某些部分是如此令人不堪和痛苦。大多數人在生活中總是設法避開令人不悅的覺受，並緊緊依附著我們認為能讓自己感到愉悅和安全的事物。從世俗的觀點來看，這麼做是理所當然，但如果我們希望能安住在如實的覺受，能接受生命的無常，採取這樣的策略只會適得其反，因為它正是束縛我們的枷鎖。

有一個練習可以幫助我們反省這種趨樂避苦的本能傾向：

安靜地坐著，花幾分鐘觀照你進進出出的氣息。然後思索當你因為不快樂或不滿足，而想讓自己開心一點時，你都做些什麼。你願意的話，甚至可以列出一張清單。接著問自己：它有效嗎？它可曾有效過？它減輕了你的痛苦嗎？還是加劇了你的痛苦？如果能夠老實回答這些問題，你會有一些相當有趣的發現。

許多人做這個練習所得到的洞見之一，就是：沒錯，那些讓自己開心的努力的確有幫助，但不持久。而它們不再有效的的原因，在於我們的策略帶有一種自相矛盾的本質。我們試圖在一個萬事萬物變化不息的世界裡，依附瞬間的愉悅並避開痛苦。我們的策略不可靠，因為我們試圖獲得安全感和快樂的方法，與生命的實相互相衝突。

八種世俗煩惱占據我們全副心神

佛教講的世間八法（譯案：即八種世俗煩惱），描述的就是這個困境。它指出我們在生活中將全副心神主要貫注在我們所追逐、渴望、恐懼的事物上；它指出我們是如何地不斷設法逃避人類處境本然的不確定性，如何不斷設法為自己找到穩固的依恃。世間八法包含的是四對相反的煩惱：樂與苦、利與衰、譽與毀、稱與譏（編案：即快樂與痛苦，得到與失去，名譽與詆毀，讚美與責備）。

樂與苦是時時刻刻驅動我們的力量。它們吸引我們的道理很簡單：我們要樂，不要苦。我們對苦樂的執著非常強烈，這兩端都是發自內在的本能。不管是渴欲、汲汲營營地追逐我們想要或需要的東西，還是厭惡某樣東西，試圖把它推開時，我們都會有彷佛五臟六腑被牢牢鉤住的感覺。

我們可以窮盡一生追逐愉悅、逃避痛苦，完全不去觀照我們深層的不滿足感。但在某個時間點上，我們可能會驟然發現避苦並不能得到解脫，追逐短暫的愉悅、短暫的紓解，也不能帶給我們長久的快樂。

我們的**得失心**也讓我們投入永無止境的競逐，所以，對於所擁有和所想要的東西的執著，以及同樣強烈的，對於缺乏的或可能失去的東西的執著，我們都要有所察覺。例如，全世界所有國家的富人和窮人，以及幾乎所有介於兩者之間的人，都在為自己擁有的錢和不屬於自己的錢奔波忙碌。

不久前我遇到一位女士，她意外繼承了五十萬美金，當然，這令她欣喜若狂。她把錢拿來投資，開心地看著錢越滾越大，直到股市崩盤。就這樣，她失去了所有的錢，這錢去得就跟它來得一樣突然。為此她感到萬念俱灰（她說她幾乎失去了所有的動力，吃不下也睡不著），但兩個月後，她想通了。她覺悟到，她在經濟上本來就不虞匱乏，得到這筆意外之財前，她過得很好，如今雖然失去了後來得到的財富，她一樣衣食無虞。她發現生命本就圓滿，不受得失的影響，她喜不自禁要與我們分享這個體悟。

得失心也關係到其他我們擁有的和沒有的東西，以及去獲取東西的驅力（有人稱之為購物療法），還有生活中擁有的或沒有的地位。競爭——經常是激烈的競爭——是如此令人憂心地充斥在我們今日的社會裡。我們在政治、運動、商業，甚至友誼裡，都會看到它，以及它所釀成的苦果。

在甘波修道院，我們嘗試了一種不同的方法。每年的七月一日，加拿大國慶日，我們會與當地的愉悅灣（Pleasant Bay）消防局進行一場棒球賽。賽前我們有長達數月的訓練，比賽時每個人也都全力以赴——消防員喝著他們的啤酒，我們穿著我們的袈裟——但雙方都不在意輸贏。大家都玩得很開心，得失心必然會帶來的苦，在我們身上完全看不到。

毀譽，毫無疑問也是誘引我們的陷阱。能夠成名的人並不多，但毀譽心也可解釋為追求好名聲，想留給別人好印象，而排斥不好的名聲。對大多數人而言，這種感覺是根深柢固的。我們有些人的一言一行，全都是為了贏得別人的好感以及讚賞，以避免被別人瞧不起。

寂天說，名譽跟孩子用沙堆起來的城堡一樣，不堪一擊。我們把它堆起來，裝飾得美輪美奐，為此感到自豪，但潮汐改變時，它就全被沖走了。就像一些政客或心靈導師因為性醜聞，在一夕之間失去好名聲一樣。

即便我們真的成名了，它會帶來我們所預期的快樂嗎？想想有多少人享有名利卻活得很悲慘，像麥可・傑克森（Michael Jackson）、瑪麗蓮・夢露（Marilyn Monroe）、貓王（Elvis Presley）。相反的，如果我們訓練自己安住在中間——在追求安適與迴避不適之間，那個不執著的開放空間裡——會有什麼樣的結果呢？

最後，讓我們省思一下我們對**讚美與責備**的執著。我們想得到別人的稱讚，不喜歡遭到非難。有些人被誇讚工作表現優秀時，心花怒放，但遭到批評時，即使是建設性的批評，就潰不成軍。兒童、青少年，甚至大部分的成年人，都會因為讚美而感到振奮，因為批評而感到氣餒。我們的心情是如此容易被褒貶左右。

自古以來就是如此。世人批評沉默的人，批評絮叨的人，批評話不多也不少的人。世上沒有人躲得過批評。沒有人得到的全是批評，或全是讚許；過去沒有，將來沒有，現在也沒有。

這是釋迦牟尼佛於兩千五百多年前說的話，看來有些事永遠都不會改變。我們每個人都免不了陷在這世間八法裡。吉噶．康楚曾說，我們就好像人格分裂一樣：我們可能以為自己發願走在修行的道路上，可悲的是，我們也同樣執迷於這世間八法，喜歡安適，排斥不適。這使得我們的修行之路窒礙難行。沒有分裂的人格，我們才能全心全意投入覺醒之路，不再被世間八法蒙蔽，安住在那深層的不適感中。

如果我們決定持守不傷害的律儀，我們必須檢視自己是如何被這世間八法牽引。我們是否願意竭盡所能地讓自己從樂與苦、從別人的想法、從得失、從毀譽的箝制中解放自己？這條解脫之路，我們在離世前能走多遠，並不重要，重要的是，要踏上這個旅程。

被診斷出癌症之後，史提夫・賈伯斯（Steve Jobs）這位具有先見之明的天才，對於擺脫世間八法，說了下面這段話：

記著自己不久於人世，是我做人生重大抉擇時倚重的工具，它是我此生遇到的最寶貴的工具。因為幾乎每一件事——所有外在的期許，所有我引以為傲的事，所有我對難堪或失敗的恐懼——在死亡面前全都失去了意義，只留下真正重要的。我們總是在害怕失去什麼，要避免落入這個陷阱，就我所知最好的方法，就是記住你終將死亡。你已經一無所有，再也沒有理由不聽從你的心了。

第一律儀就是發願了解那些支配你的欲念，發願竭盡所能地在受到這世間八法——或者應該說是任何事物——左右時，你會慈悲地承認這個事實。如果你觀照自己的罣礙，你會發現它們必然跟你的好惡有關。每當你發覺自己被挾持了，就在當下、當場，對自己仁慈地承認你上鉤了。然後問自己：我是被世間八法的哪一項挾持了？害怕失去？希望得到？苦於受到非難？渴望得到讚賞？究竟是誰在掌控？是我？還是世間八法？

不過，如果我們迷失在擔憂、計畫、幻想等種種思緒中，我們甚至不會知道發生了什麼事。之所以要持續禪修，就是為了察覺自己的這種迷失，然後回到當下。

❊生命的處境永遠在變動

幾年前，我有一次從世間八法解脫的經驗。當時我跟九個人同住在一個閉關中心，每天下午會有一段出坡時間（編案：出坡是指僧眾為維持寺院自給自足而從事的日常勞務，源自唐代百丈大師上山耕作的典範，所以稱為「出坡」）。對我來說，那是段很難熬的時間，因為幾乎沒有我能做的事情——我沒辦法挑水，因為我的背不好；我沒辦法粉刷平台，因為那個環境讓我過敏。在這種狀況下我根本是個廢物，令出坡長十分不悅。我覺得自己好老、好孱弱、好無能，而且討人厭，真是悽慘極了！

這讓我做了一番深思：如果我不是自己向來熟悉的那個受人尊敬、享有盛名的心靈導師，那我是誰？我向吉噶・康楚提出我的疑慮，他問我：「難道妳不覺得如釋重負？」我只能誠實地回答：「還沒有。」

後來我們當中有幾個人受邀參加鎮上一個心靈講座。從抵達會場的那一刻，我便開始受到特別的禮遇。我有一個特別的高座、特別的水杯、前排一個特別的位置。

別人看待我的方式竟有如此戲劇化的差別，讓我猛然意識到我對自己身分的毀譽、得失、期盼與恐懼的執著。在山上的閉關中心，我是無名小卒；在山下這個講座上，我是特別來賓，受人尊敬。但這些都只是變動的、模糊曖昧的標籤。在根本上，我是永遠無法被界定、無法被明確歸類的。那一刻，我終於真切感受到吉噶・康楚所說的「如釋重負」。

世間八法實際上只是一個過時的生存機制。由此看來，我們的生命運作仍然停留在非常原始的層次，完全受好惡的擺佈。趨樂避苦的機制讓我不致被猛獸吃掉，讓我們在寒冬中不致凍死，讓我們設法覓食、穿衣禦寒。對於我們的祖先，它發揮了很好的作用，但對現在的我們而言，它卻成效不彰。事實上，當面對根本稱不上是生死攸關的事情時，我們依舊反應過度。我們的行為彷彿我們的存在受到威脅一樣，而實際上攸關的可能只是一筆滯納金。我們就像乒乓球，被我們的好惡宰制，彈來彈去，而其實我們老早就該嘗試一種不同於以往的做法。

二〇〇〇年，霍比部落（編案：Hopi Nation，霍比族是北美印第安原住民族之一，其自治地位受到美國政府的承認）的長老對未來做了一個預測，並對世人該如何面對接下來的一千年提出建言。霍比長老被視為地球的守護者，承負著地球存亡的責任。他們說，我們正置身於湍急的河流中，許多人會害怕，所以試圖緊靠著岸邊。但長老們說，那些靠在岸邊的人「會很痛苦」，而他們的建議是：捨離岸邊，游入河流中央，看有誰跟我們在一起，「然後慶賀」。

止離，但不壓抑，思索我們個人被挾持的經驗，覺知那些支配我們的欲念，修練溫和的慢煨，這些都是捨離河岸、游入河流中央的方法。這些都是讓我們擺脫編造情節、擺脫那桎梏我們好惡心、僵固思想和自我中心的方法。如果我們不去追隨趨樂避苦的渴欲，我們就能留在開闊、不可預測的中間地帶。我們要安住在那個沒有防守的地方，安住在那個中間狀態，不要安逸地固守著我們的信念體系，而以一個比較寬廣的角度、清新的眼光去看待一切。

真相是，我們一直都處在一種中間狀態，永遠都在一個過程中，永遠抵達不了終點。當我們與生命那充滿動能的本質同在時，我們也就與無常、不確定性和變化同在。如果我們能安住在當下，那麼我們或許終會明白，我們的苦樂、得失、褒貶、毀譽，全都是不可靠、不可確信的——任何瞬息萬變的事物，都是不可靠、不可確信的。

❊覺醒是一個放下的過程

不傷害是非常明確的律儀。你只有在無明的狀態下說話或行動，才會背離這個律儀。它的簡單明瞭，有助於我們為自己內在的力量建立一個牢固的基礎，讓我們勇於嘗試，勇於擺脫一成不變的習慣。它讓我們相信自己有能力培養出真正的出離心，有能力看見執著升起，有能力在我們又一次被世間八法挾持時有所覺察。它讓我們相信自己有能力自在地活著，無須行動計畫，不被希望和恐懼羈絆。一旦人們發願持守這個律儀，就會開始改變。你可能在一兩年後碰見他們時，發現他們的某個部分變柔軟了，似乎更能接受自己和這個世界，也比過去圓融、好相處。

在人生的某個點上，如果你夠幸運的話，你會撞到一面牆，看見實相，然後開始疑惑你這一生究竟在追求什麼。在那個點上，你會有強烈的動機去了解什麼能幫助你解脱，幫助你變得更仁慈、更有愛心，幫助你擺脫煩惱和無明。在那個點上，你其實會想安住於當下——在你穿過一扇門時，跨出一步時，洗手時，洗碗時，起心動念時，慢火煨煮時，情緒和思緒起起伏伏時。日復一日，你會發現你更能即時察覺你上鉤了，也越來越能止離了。持續這麼做，你就會經歷到一個類似蛻皮的過程——蛻去舊習，不再被樂苦主宰、被世間八法挾持。

覺醒不是一個壯大自己的過程，而是一個放下的過程。它是一個安住在中間地帶的過程：安住在弔詭、暗昧不明的中間地帶，充滿了可能性、新思維和新觀點，畢竟，沒有人能擔保接下來會發生什麼事。

第二誓願

守護彼此，關懷眾生

發心……幫助他人，意味著不再擁有而且拚命去防守自己個人的領域，而是張開雙臂擁抱我們居住的世界。它意味著，我們願意承擔更大的責任、無量的責任。事實上，它意味著冒險犯難。

——丘揚・創巴仁波切

6. 捨離我們的安適地帶

對於自我（ego）而言，慈悲是具有威脅性的。我們或許以為慈悲是溫暖的、可以撫慰人心的，但實際上它讓人感到非常不舒服。當我們開始扶持其他生命、努力去體會他們的處境、發心不排斥任何人時，我們很快就會發現自己身處在「非我可掌控的人生」這種令人不舒服的領域裡。第二律儀，傳統稱之為菩薩律儀（Bodhisattva Vow），或勇士律儀，正是要我們縱身跳入這些不舒適的水域，捨離我們的安適地帶。

發願持守第一律儀，是我們邁向全然安住於無常的第一步，這個律儀講求止離自己和他人有害的言行，友善地看待那些促使我們想去傷害的潛在覺受。第二律儀即是建立在這樣的基礎上：我們發心自覺地投入世界的苦難，去減輕它。基本上，這個律儀就是發心去守護彼此，即便有時候我們不喜歡它帶給我們的感覺。

❊第二誓願：守護彼此，關懷眾生

這第二律儀與菩提心（bodhicitta）有著緊密、牢不可破的關聯。菩提心，根據傳統的界定，是渴望覺醒、繼之幫助他人覺醒的心，意味著捨離世俗的快樂，不被成敗、褒貶奴役。菩提心也是一種對自性的信任，也就是相信我們生來就具有能力去超越偏見、成見、僵固的觀點，敞開心胸去包容所有的人，包括我們喜歡的、不喜歡的，甚至那些我們沒注意到的，或我們可能永遠碰不到的人。菩提心可以抵制我們的習性，讓我們不再滯留在狹隘的思維裡，不再抗拒改變。

這種開放的態度來自一個信念：每個人的本性都是善良的，藉由良好的互動，我們可以把這個良善的本質帶引出來。當我們遭到挑釁的時候，與其採取攻擊性的反應，使得痛苦無休無止地循環下去，我們相信自己能夠本著好奇與關懷的心與別人互動，並藉此探觸到他們本具的良善與智慧。

我有一個在百貨公司工作的朋友，相信每個人基本上都是善良的，幾年前，她決定測試一下，看看自己是否能找到一個本性不善良的人。當然她每天都會遇到友善的人，但也遇到不少無禮、自大、喜歡操弄以及十足卑鄙的小人。每次碰到這樣的人，她就會嘗試一些方法，進入他們的內在，跨越他們的防衛，去探觸他們的理性、幽默感和良善。上次我們交談時，她告訴我她還不曾遇到任何她覺得缺乏本初善的人，而她在那個公司已經工作了十五年。

第一律儀帶領我們建立信心，相信自己有能力擁抱生命那原始、躁動、變化無常的能量。第二律儀則帶領我們進一步踏入無依無恃的狀態，將之視為覺醒的源頭，而非恐懼的源頭；那是一條通往無懼的道路，而非生存的威脅。如果我們尚未修練安住於根本的不安感中，持守第二律儀可能會讓我們驚惶不安，因為我們將要更深入地踏進這個叫做「利他」的領域，這是一個沒有固定答案、沒有明確定義的領域。

傳統稱發願利他為菩薩之道、英雄之道、心靈勇士之道，而心靈勇士的武器是慈悲、明淨的思想和開放的心。勇士的藏文是pawo（男勇士）或pawmo（女勇士），意思是「培養勇氣的人」。身為修行中的勇士，我們培養的是安住於不確定狀態——焦慮、無所依恃的不安、脆弱感——的勇氣與韌性，並且不管在什麼樣的情況下，都願意獻身於幫助需要我們的人。

❋承諾永遠會再度打開大門

發願守護彼此，經常被形容為發願邀請有情眾生到家裡作客，這樣的目標令人望而卻步。它意味著每個人都會到我們家來，意味著打開我們的大門，歡迎每一個人進來，不只是我們喜歡的，或散發香氣的，或我們認為「得體」的人，還包括粗暴的人、困惑的人——所有的人，不論高矮胖瘦，不論膚色，不論說什麼語言，不論持有什麼樣的觀點。發心持守第二律儀意味著，在我們的客廳舉辦一個來者不拒的宴會，整天，每日，直到生命的終點。

一開始，大部分的我們都不認為自己能做到這一切，我們根本無法毫無保留地投身於如此無依無恃的境界。但若我們渴望減輕世人的苦難，可以怎麼做呢？首先，我們可以邀請每一個人，開門歡迎他們，但剛開始的時候，我們可以只把門打開一會兒，能開多久，就開多久，允許自己在感到極度不自在時把門關上。但是，我們要發願永遠會再度把門打開，並且讓它敞開的時間比上次多幾秒鐘。

這樣的修練可能會帶給我們意想不到的結果。逐漸將門打開，而不是一下子就完全敞開，會讓我們對於不太能應付的人出現在派對上時所體驗到的焦慮不安感，越來越適應。我們不再去想：**我必須把門完全打開，這麼做才對**，而是抱著會持續把門打開的強烈意圖來開始修練。然後一點、一點地，我們就會接通到內在力量和勇氣的寶庫，而且發現我們從來不知道自己擁有這些。

把門打開，意味著我們願意卸除盔甲、脫下面具，面對自己的恐懼。當我們能夠面對自己的覺受時，我們才能真正幫助別人。因此我們發願窮盡我們的餘生，去修練解脫之道，不被我們的本能反應、生存機制以及容易上鉤的習性所宰制。

這並不表示我們再也不會體驗到那些覺受。根本的不安感仍然會不斷升起，但當它升起時，我們不會反應過度，不會讓它支配我們的生活。我曾就這點問過吉噶・康楚，他說：「不錯，我仍然有那些覺受，但它們抓不到我。」看樣子，他已經不再害怕恐懼了。

那些不適的感覺甚至可以激勵我們採取行動。一位採訪記者曾詢問達賴喇嘛有沒有任何遺憾，他回答說有：他對曾經前來請他開示的一位年長比丘的死，感到自責。記者問他如何處理那份遺憾、如何消除它，法王答道：「我沒有消除它，它還在那裡。」但它已經不再讓他灰心喪志，反倒激勵他盡一切所能去利益他人。

發願守護彼此，就是發願覺醒，好讓我們去幫助他人覺醒，去減輕世上的苦難，並且也發願不管經過多少時間，即便永生永世，也要持續這個旅程。寂天在一段詩句中表達了這個誓願的精義，據說它也是達賴喇嘛非常鍾愛的一段：

如今只要虛空依舊存在，
只要依舊有人需要被尋獲，
我願繼續同樣地留守在此，
驅走世上的悲苦。

第二律儀涉及的範圍如此廣大，持守它有如不可能的任務。只要我們對一個人封閉我們的心或思想，即便只是幾秒鐘，就等於背離了這個律儀。就我所知，還沒有一個人能完全不背離，但我們仍然誓言實踐持續為每一個人敞開我們的門。我們也可能因為自我貶抑，相信我們的缺點是與生俱來、不可能移除的，並告訴自己：「我是個無可救藥的人；我永遠也達不到那個境界。」而背離了這個律儀。詆毀他人，批評他人的文化、習俗、傳統或信念，也是一種背離。任何形式的偏見或歧視都算毀誓。

當我們背離第一律儀，造下口業或身業時，那是一目了然的。比方說，一旦我們殺生、妄語或偷盜，毫無疑問地我們是破戒了。但說到守護彼此的誓願，事情就不是那麼簡單明瞭了。佛教有一個流傳的故事可以說明這一點。有一個在海上航行的船長，大家都叫他勇氣船長。有一次在駕駛一艘載有五百人的船隻時，一個海盜登船威脅要殺掉船上所有的人。船長了解到，如果海盜附諸行動，不但會殺掉所有的乘客，還會為海盜自己種下業因，日後會受很大的苦。所以，出於對海盜的慈悲，也為了拯救五百條性命，船長殺了海盜。為了解救眾多的人，他殺了一個人。勇氣船長為了不讓別人受苦，願意對自己的行動擔起所有的後果，不管那後果是什麼。這就是為什麼持守第二律儀是需要勇氣的——有勇氣去做任何我們認為會帶來最大利益的事，並且有勇氣去面對一個永遠的不確定感：怎麼做才能真正利益他人，而怎麼做實際上只會弄巧成拙。

當然，很少人會遇到勇氣船長所面臨的那種困境，但我們經常會發現自己試圖尋找無懈可擊的藉口，來合理化我們可議的行為。我們的自欺能力是相當驚人的，但這也是第二律儀發揮它強大助力的地方，它可以幫助我們認清自己的心理狀態，在我們墜落的時候拉我們一把。

❊對自己誠實是勇士律儀的基礎

我們並不是結束一個律儀，然後進階到下一個律儀。不傷害律儀仍然要繼續持守，做為守護彼此的律儀的基礎。如果我們想要更進一步，訓練自己的言行不會加深傷害、認清我們的罣礙、安住在不適感中，都是必要的。不傷害律儀可幫助我們克服自欺的習性，培養與自己為友的能力，當我們開始用心審視自己，並拋開導致我們不斷受苦的習氣時，我們與自己為友的能力就會隨之強化。對自己誠實是勇士律儀的基礎，我們要訓練自己在忍無可忍時、在生活中的事物觸發習性反應時，能即時打住，因為我們知道，如果我們的言行來自執著，我們就無法恰當地回應，也無法給別人支持的力量。

幸好，當我們背離守護彼此的律儀時，修補不是一件難事。首先，我們承認自己背離了它，承認自己的冷酷、思想閉塞，承認自己將某人擋在外面。然後我們可以重新發願。我們可以在當下，或是每天，再次確立我們的意向：我們願在餘生中永遠敞開著門，接納有情眾生。那就是心靈勇士的修行，修練勇氣和同理心，修練愛。世上受苦的人不計其數，但我們仍然發願不放棄任何人，並且盡我們所能去減輕他們的痛苦。

當然，我們很可能達不到這個境界。有一回，我安靜地坐在床上，讀著寂天的開示，對愛與慈悲的境界大為感動，不禁哭了起來。這時突然有人闖入房間，我頓時大聲喝斥她干擾了我。

這樣的經驗確實令人汗顏。這會讓我們隨即開始數落自己，也可以激勵我們重新確立自己的意向，在別人需要時給予幫助，不管他們挑動了我們哪根神經。就在失去覺察的那個當口，我們可以進行三步驟法的練習。我們可以利用這個機會去覺察那不悅、不耐煩或失望的火花，在它爆發成憤怒的火焰之前即時煞住。這個練習可以讓我們學習觀照周遭發生的事，並同時覺察我們內在發生的事。讓我們再複習一次這些步驟：

首先，進入當下，觀照你此刻的狀態。全然覺察你的身體，覺察它的能量狀態。覺察你的思緒和情緒。

接下來，感覺你的心，實際把你的手放在胸口，如果你覺得這麼做有用的話。這表示你如實接受那個當下的你，表示你在告訴自己：「這是我此刻的覺受，我接受。」

然後，隨緣地進入下一個當下。

這個練習可以讓我們在可能會自我封閉時，向他人敞開自己。它提供了我們一個方法，讓我們保持清醒而不麻木、向外觀照而非縮在自己的世界裡。譬如說，在進行會議時，我們經常滿腦子想的都是我們要說的話，以致忽視別人，聽不見他們說什麼，也體察不到他們的覺受。但如果，在會議開始前，我們能夠做三步驟法的練習，讓自己穩定下來，把身和心都帶到當下，我們就能懷著開放的心，帶著「讓我們看看事情會如何發展」的好奇來參與會議，而不是執著於要得到特定的結果。我們在事前做好準備，了解我們的主題，然後我們邁步向前。這是我所承襲和傳授的修行之道；我閱讀，做筆記，我決定要說什麼，然後我進入場所開講，沒有後盾支援。

多年前，甘波修道院一位比丘告訴我一個練習，就是早上醒來的時候跟自己說：「不知今天會發生什麼事。」這就是邁步向前的精神。

持續做這個練習，不管是把它當作正式的禪修，還是每天隨時隨地在做的練習，我們就能越來越容易覺察到自己何時受到挑動。於是，我們便進入當下，誠如丘揚・創巴所說的「讓身心同步」，然後拋開多餘的詮釋與情節編造，迎向眼前的人或情境。這是守護彼此、慈悲地對待他人的基礎，這是宣示我們的勇士精神、不被思緒和情緒左右的練習。

❀感謝生命中的麻煩製造者

想當然爾，持守第二律儀所需的包容度，與現實是有落差的。在現實生活中，有些人我們就是不喜歡。老闆、同事、配偶、室友、母親、父親、孩子——哪些是你厭惡，希望能乾脆避開的？誰在你的名單上？你要感謝他們：他們是你個人的專屬上師，他們總是適時出現，提醒你誠實。是那些在你生命中給你製造麻煩的人，讓你發覺你把門關上了、你穿上盔甲了、你把頭埋在沙堆裡了。要不是他們惹你生氣，要不是你受夠了他們，你不可能培養出耐心；要不是你羨慕他們，要不是你嫉妒他們，你不可能會想超越你的小心眼，為他們的好運高興；要不是遇到跟你勢均力敵的人，你可能會不可一世，狂妄地批評別人的神經質行為，卻對自己同樣的行為視若無睹。

當我們發下這個誓願，我們便展開一個持續修習仁愛與悲憫的旅程。修習的一個方法，就是不斷問自己：我可以如何幫助他人？我們可以把這當作每日的練習，不過卻往往會發現，其實不太能確定什麼有助益、不會造成傷害。然而對勇士而言，失敗為成功之母，我們從錯誤中學到的，很可能比從成功中學到的還要多。失敗的時候，我們需要有所覺知，而且——這點很重要——不要自責。我們應當聽從丘揚・創巴的建議：**把你的人生當作一種實驗**。採取這樣的態度：「我不確定什麼有助於這個狀況，但我會試試這個辦法，看它行不行得通。」有時候結果是：「哇！完全行不通！」果真如此，我們等於上了一課，接下來就可試試別的做法。

在努力持守這個律儀時，我們需要對自己寬容一點，並記得它有多麼艱鉅，因為它需要的時間漫長得難以想像，而且我們發願要幫助的人無窮無盡：不只是我們憐憫的人，而是天下眾生，沒有例外。我們在街上遇見的、在報上讀到的、從朋友那兒聽說的……，不管我們以什麼方式知道，全都是我們仁愛與悲憫的可能對象。這是一門沒有範圍、沒有疆界的功課，我們永遠都是在職進修的學生。

勇士的宏願就是永不關上心門，即使是面對失敗的親密關係也一樣。那並不表示我們不會感到痛苦；結束一段親密關係，會讓我們深刻體會到生命根本的不確定性，必然感到傷痛。我們遭遇到自己的極限，發現自己又落入我們以為多年前已經擺脫的行為窠臼，有時候，光是想到那個人，就會把門關上。但是，只要我們願意卸下防衛、願意誠實，願意與丘揚・創巴所稱的那個「真實、哀傷的心」連結，往往讓我們學到最多的，正是那些似乎無法挽回的關係。身為修行中的勇士，我們應當盡可能地在心中祝福那個人，而且沒有任何虛情假意。面對棘手的關係，我們能做的一件事，就是把對方的照片放在一個你經常會看到的地方，心裡想著：**我深深祝福你**。或者，我們可以寫下那個人的名字，同時祝願他平安、快樂。

無論採取什麼具體行動，我們的心願是幫助那個人，希望他好。我們這樣發心，是因為我們越來越相信自己以及他人的本初善。也因為我們願意蛻去自己的保護層，試著不帶標籤、沒有成見地看待那個人，試著拋開那個人如何傷害我們、該如何就責的故事情節。我們仍可能覺得傷痛，厭惡那個人和那個處境，但不管發生了什麼事，不管誰對誰做了什麼，我們盡自己所能地化解我們的負面情緒。這並不表示與那人復合——通常反倒是保持距離——但我們可以向那人表達原諒和關懷。相信我，這麼做要比以怨恨來毒害自己好過多了。

這個宏願大得難以想像：幫助天下眾生從永無止境的苦中解脫；不只是脫離飢餓、受凍、無家可歸，或凌虐、忽視、折磨、殺害，我們也致力於幫助自己和他人擺脫苦的根源：造成傷害、升高對立的傾向，對自己的罣礙或偏見的無明，以及容易被激怒，然後將一切問題歸咎於他人的天性。

持守著勇士律儀，我們便逐漸成為一個媒介，幫助他人與他們自己沒有罣礙的心及本初善連結，好讓他們也能開始擁抱人生的無依無恃，將之視為振奮與喜悅之源。我們祝願所有眾生，包括我們自己，無懼地活在無常中。這樣的人生需要的慈悲是無邊無際的，但我們可以以自己現有的能力開始去加強它。

持守勇士律儀，我們需要了解人的一切都不是靜態的。通常我們會努力維持對他人所持有的成見：我那自我中心、不可理喻的妹妹；我那開朗、樂觀的同事；我那惡劣、脾氣暴躁的父親。而我呢？我太胖、一事無成、什麼都做不好；我很能幹、很成功；我不適合禪修；我是個很糟的母親，更是個糟糕的妻子。但事實上，對於任何人，我們都無法一言蔽之，我們永遠無法確定某個人是什麼樣的人，因為資料一直在改變，資訊永遠都不完整。

❀想改變人生，先改變自己的心

這個律儀要我們質疑自己習以為常的想法，質疑想當然爾的現實。我們每一個人都活在自己信以為真的現實裡。我們堅持：事情就是這樣，沒什麼好說的。但即使是人類共同認定的現實，不也是人的感知能力所投射出來的嗎？動物的感知力和我們不同，因此牠們感知到的是不同的現實，所以，什麼才是「真正」的現實？我們的？狗的？鳥的？蒼蠅的？答案是，沒有一個是「真正」的現實。現實是我們當下所體驗到的，它不是我們所想的那般可靠、那般不容置疑。

一位登陸月球的太空人描述他從月球看地球的經驗。他說，地球看起來好小，只是懸在太空裡的球體之一，當想到我們如何武斷地將世界切割成我們狂熱認同的國家，劃分不惜宣戰以護衛的疆界，便感到悲傷。他發現，我們的作為毫無道理，我們只有一個地球，守護它的也只有一個民族，但我們的做法簡直匪夷所思。

西雅圖酋長（編案：Chief Seattle，生於十八世紀末的北美印第安酋長，他以一篇聲明回應美國政府斥資十五萬美元欲買下現今華盛頓州內二百萬畝土地的行為，該聲明被公認為在環境保育議題上具重要地位）在一百多年前就有同樣的洞見：

> 我們都是宇宙大靈的孩子，地球的子民。我們的星球岌岌可危，如果我們不能放下過去的仇恨，不能同心協力，我們都將滅亡。

我們根據所看見的事物表相給它們貼標籤。我們稱一塊土地為**中國**、**巴西**或**美國**，它便成了實體，承載著強大的情感包袱。我們若稱一樣東西**好**，就會把它當成好的，若我們稱一樣東西**不好**，就會把它當成不好的。我們是如此執著於自己的好惡，執著於誰對誰錯，彷彿這些標籤是終極實相。但人們實際體驗到的卻是：沒有什麼是可以依恃的，沒有什麼是可以斷定的。現實永遠都在崩解，在這個瞬息萬變的處境中，我們唯一理當做的，就是守護彼此。

當我們努力去超越自己僵固的想法、有限的自我感、是非觀以及深深信賴的標籤，將會看見更寬廣的空間，而我們習以為常的體驗生命的方式，就會逐漸裂解。那個時候，我們會開始領悟到，如果想要改變自己的人生，就必須改變自己的心。

艾德．布朗（Ed Brown）這位禪廚，講了一個他早期追隨鈴木俊隆老師的故事。艾德是一九六〇年代加州塔薩加拉禪山中心（Tassajara Zen Mounntain Center）的主廚，是出了名的脾氣火爆。有一次他氣沖沖地來到老師面前，抱怨廚房裡的狀況：有人清理得不徹底，有人話講個不停，有人心不在焉、漫不經心。每天狀況都很混亂。鈴木俊隆的回答很簡單：「艾德，如果你想要一個安定的廚房，就先安定自己的心。」

如果你的心是寬廣、沒有罣礙的，你會覺得自己生活在一個比較包容的世界，一個趣味、活力無窮的地方。那不是它本來的特質，而是來自你的心理狀態。勇士想要世人知道：我們每一個人都能覓得我們的本初善；如果我們能超越標籤和投射，超越偏見和成見，守護彼此，我們就能得到真正的自由。

7. 吸入痛苦，呼出解脫

二〇〇一年九月十一日，對無數人來說，腳下的土地陷落了。當兩架飛機衝入雙子星世貿中心時，許多人所熟悉的生活就此改變，整個社會頓時陷入無依無恃的狀態。無常就這麼真實地呈現在紐約市民、美國人民以及世界各地許多人的面前。

接下來的幾天，在到處瀰漫著不知怎麼回事、不知如何是好的氛圍下，大批民眾聚集在美國各個都市和鄉鎮，進行施受法（tonglen）。他們將所有受害者的痛苦和恐懼深深吸入，包括那些陷在大樓火海裡的人、跳樓身亡的人、飛機上的人，以及無數因這次事件而精神受到嚴重衝擊的人，同時也吸入劫機者和攻擊策畫者的憤怒。然後呼氣，送出解脫給所有這些人。

有人對所有正在受苦的人送出愛和關心，有人為當時困在大樓裡和飛機上的人送出涼爽並解除火焰的灼熱，也有人送出宏願，願所有的人都拋開仇恨或憤怒。吸氣時，大家做著自己唯一能做的事，來支持那些沒能倖免於難的人；呼氣時，他們以某種方式實踐想要有所幫助的深切渴望，不管那個方式是什麼。自然地，成千上萬的紐約市民和其他地方的人立即志願加入救援的行列。事實上，因為志工大量湧入，以致許多人遭到婉拒，但施受法的集會歡迎所有人，沒有其他方法提供支援的人便加入了這些集會，他們共同的心願，就是為那些在難以想像的痛苦中喪生的人，以及他們的親朋好友，減輕痛苦。

施受法是修練勇士精神的一個核心練習，它是培養勇氣以及激發生命共同體意識最有效的工具。它是安住在河流中央的練習，給我們力量去捨離河岸。

❀與習性背道而馳的練習

傳授施受法的方式有很多種，但它的精髓就是吸入不愉悅的、不想要的，呼出或送出怡人的、解脱的、愉悅的。也就是說，我們吸入我們通常試圖避開的，例如悲傷和憤怒，而送出我們通常執著的，例如快樂和健康。我們吸入痛苦、呼出愉悅，吸入恥辱、呼出榮譽，吸入失落、呼出取得。這是一種與習性完全背道而馳的練習，卻有助於我們克服對苦的恐懼，接通每個人本來就具有的悲憫。

「施受法」的藏文tonglen是「施與受」的意思，它表示我們願意承受別人的痛苦，並送出我們覺得可以減輕他人痛苦的信息，讓他們能安住於生命中的悲苦、失落和打擊。

行施受法可以喚醒我們本來所具備的同理心以及設身處地為他人著想的能力。關懷那些害怕、悲傷、憤怒或傲慢的人，是一種挑戰，那會讓我們看見自己的痛苦和恐懼，看見我們自己走不出的牢籠。但只要能安住在那些討厭的覺受裡，我們就能把它們當作踏腳石，藉以了解別人的痛苦和恐懼。施受法讓我們覺知我們當下的狀態，並在同時培養出我們與他人緊密相連的意識。當痛苦的覺受升起時，我們將它們吸入，接受我們自己的苦，以及其他每一個有同樣覺受的人的苦，然後送出解脫給眾人。

對我來說，這種形式的施受法最能達到解脫的作用。它讓我們藉由令我們惶惑不安的切身之痛，去體會他人的痛。它讓我們了解到自己所受的苦並不特別，無數其他的生命、人與動物，也承受著同樣的苦。這份了解不是來自我們的思維，而是我們的親身體驗。發現自己罹患癌症，我們就吸入所有癌症患者的恐懼、驚愕，然後送出解脫給所有這些人；失去摯愛，我們就藉之與所有陷於悲痛的人連結；失眠的時候，我們就想到無數躺在床上睡不著的人，就在當下，我們吸入自己和他人的無眠，吸入自己和他人的焦慮、煩躁，並且在當下送出安閒、平靜、滿足，甚至觀想大家酣然入睡的畫面。

施受法是訓練我們以眾生為念的法門，讓我們探觸到自己與眾生的共同性。與其退縮在自己的世界裡，我們可以借助人類嚴峻的處境，來激起我們本來就具有的的能力，去愛、去關懷並理解人與人的相互關聯性。行施受法，我們藉由自己的不幸來喚醒自己的心，它讓我們能夠真心摯意地利益他人，同時真心摯意地與自己為友。

施受法不只是坐在蒲團上的練習，它在我們的生活當中特別有用，無論我們人在哪裡、處理著什麼日常事務。你也許收到朋友的信或電郵，知道他遇到困難、心情沮喪，或因為失去摯愛而悲痛不已。當下，你就可以開始吸入這位朋友的痛苦，體會他的悲傷或絕望，祝願他的痛苦獲得解除。然後，當你呼氣時，你可以送出解脫——喜悅、關懷、內心的平靜，或任何你認為最恰當的信息。

也許你正在街上，看見有人虐待一隻狗，打牠、對牠大吼，或使勁拉扯狗鍊。你可以吸入你認為狗在當下承受的痛苦，然後送出解脫。那可以是一個祝願，祝願那隻狗感受到仁慈和安全，甚至獲得一根可口、多汁的骨頭。你也可以吸入施虐者當時可能的覺受——導致他如此狠心動手的憤怒與無明。吸入他的憤怒，然後在呼氣時，送出任何你覺得可以讓他心軟的信息。那信息可以是被愛的感覺、喜歡自己的感覺，或思想較為開闊、心也較為柔軟的感覺。

在你與人發生衝突，感覺到自己的痛苦與無明升起時，施受法也特別有用。比如你走進一個房間，有人說了一些令你不悅的話，或狠狠瞪了你一眼。通常你可能會排斥，或腦子一片空白，或不斷想著要如何報復，或利用任何出口來逃避你不願面對的痛苦覺受。這時，你其實可以運用施受法，來處理自己的情緒。如果你感覺到的是恐懼，你可以全然開放地體驗它——它的氣味、它的質地、你身體的緊張——將之全部吸入。在持續吸入恐懼的同時，你可以把心打開，將天下眾生的恐懼也吸入。你甚至可以擴大範圍，納入那個引發你恐懼的人，希望他從苦中解脫。接著，在你呼氣的時候，你可以送出祝願，願正在覺受恐懼的眾生，包括你自己，得到解脫。

就在當下，你接受你所有的覺受，你全然與它們同在，不去將它們推開。這跟只想到自己、耽溺在自己的悲苦中是不一樣的，應該說截然不同。施受法讓我們與所有那些和我們相像、有著同樣覺受的人連結在一起；我們都有痛苦和愉悅的覺受，我們都喜歡安適，討厭不適。

常有人問我：「但我怎麼知道別人正經歷著跟我一樣的覺受？」我想大家都會同意，我們經歷的覺受，幾乎無一不是無數其他人正在經歷或曾經歷過的。我們的故事情節也許各自不同，但說到苦樂，以及我們對它們的反應，天下所有的人都是一樣的。

施受法與我們面對世界的本能習性——希望生活如我們所願，希望事情的結果對我們有利，完全不去考慮別人的處境——是背道而馳的。修持施受法，我們在自己周圍築起的牆會開始崩塌，我們會開始從我執的牢籠解脫。當防衛的盾牌開始瓦解，我們會自然而然地生起想要幫助他人的心願。人們需要幫助，而我們可以提供——除了具體的幫助，我們還可以為他們祈福。

施受法將人們慣常的趨樂避苦的邏輯倒轉過來。能接受自己的痛苦，我們就能接受別人的痛苦；能與自己的痛苦同在，我們就能包容那些激怒我們的人。我們開始把痛苦視為轉化自己的觸媒，而不是避之唯恐不及的對象。持守施受法，我們的慈悲必然會增長。即便是處在我們過去以為做不到的情境，都會發現自己越來越能隨時提供援助。

這不表示不會遇到自己無法行施受法的時候。那也許是因為我們無法正視所面對的自己的或別人的痛苦，所以我們麻痺自己的感覺。或者，我們能夠覺受痛苦，卻無法送出解脫，因為那可能是一個太難以承受的情境，以致於我們想不出任何形式的解脫來舒緩我們目擊到的或感覺到的苦痛。但不管無法行施受法的理由是什麼，我們都不能把它當作自我批判或灰心喪志的理由，生命中總是有許多機會讓我們再試一次。

❀將寬闊無垠的空間吸入自己體內

任何形式的抗拒，正顯示出將海闊天空的感覺帶入施受法是多麼重要。要做到這一點的方式之一是，你可以想像自己吸入一個像天空一樣浩瀚的空間。如果你感覺到自己的身體變得無邊無際、透明，大得能夠容納無量的苦，你就能將痛苦吸入，因為你知道那苦不會卡在任何地方。然後，當你呼氣時，你可以將那同樣的開闊和自由感送出。你感覺到的那廣大、無垠的空間，足以容納一切苦痛、愉悅，以及人類可能會有的各種情緒。

施受法，做為一種正式的禪修，包含四個階段：

第一個階段是暫停，一個靜止與開放的片刻，一個短暫的間斷。如果你需要一個意象，可以根據你過去的經驗，想像一個一望無際的空間，例如放眼望向大海，或仰望無雲的天空。

第二個階段是觀想，去體驗質感。吸氣時，吸入熾熱、沉重、濃濁的能量——彷彿幽閉恐懼症發作的感覺。透過你身體所有的毛細孔，將之完全吸入。然後，呼氣時，呼出清新的感覺，以及涼爽、輕盈、光明的能量。將它向四面八方放射出去。持續幾分鐘，或直到這個意象與你的呼吸同步為止。

第三個階段是吸入一個具體的痛苦情境，盡可能全然地迎向它，然後呼出寬闊與解脫。按照慣例，開始的時候，我們會對自己想幫助的人或動物行施受法，但也可以借助自己當下的覺受，比如絕望或憤怒，把它當作踏腳石，來體會別人的痛苦。

在第四個階段，我們將施受法進一步延伸。如果我們為一個患有愛滋病的朋友行施受法，就將它延伸到所有愛滋病患。如果我們為自己酗酒的姊妹行施受法，就將它延伸到所有酗酒的人、所有受成癮之苦的人。如果我們已經在為所有經歷著與自己相同痛苦的人行施受法，可以將它延伸至世界各地所有正在受苦的人，不論他受的是心理上還是身體上的苦。我們甚至還可進一步延伸，納入所有只顧自己的人、所有因為思想僵固和無法放下渴欲和恐懼而備受折磨的人。

修練施受法通常是從切身、真實，而不是模糊、非關個人的情境開始。然後我們將它延伸，納入越來越多經歷著同樣苦難的人，以及所有為我執所苦的人、所有因抗拒不確定性和無常而受苦的人。

如果我們曾體驗過無我、覺醒、自由的感覺，即便只是一絲絲，我們會希望別人也體驗得到。當我們看到他們上鉤，我們不去批評、論斷，因為我們可以理解他們的感受，因為我們也有過相同的經歷，所以完全可以體會。我們對別人的祝願，正如同對自己的祝願，希望他們：用心體察自己；意識到自己什麼時候被挾持了，然後從那些覺受中解脫；停止那些讓我們不斷受苦、運作不良的模式；關懷別人；體驗人類的本初善。

不管我們把施受法當作正式的修練，還是隨時隨地施行的練習，它是否需要很長的時間才能習慣？是的，它需要。它需要適應刻骨銘心的痛苦嗎？它需要耐心和溫柔嗎？是的，它需要。當你覺得這個法門似乎超過你的能力時，不需要感到挫折。按照你自己的步調，慢慢進入，先練習目前對你來說容易的情境。我永遠記得當我失去信心想要放棄時，丘揚．創巴常跟我講的話，他會把身子挺得直直的，帶著燦爛的微笑宣告：「你做得到！」他的信心似乎具有一種感染力，聽他這麼說，我便知道我做得到。

我曾讀過一首詩，描繪的是戰爭時期的施受法。它的意象就是吸入墜落的炸彈、暴力、絕望、失去雙腿並帶著灼傷的臉和殘缺肢體回家的情景，然後送出大地和天空的美麗、人的善良、安全與和平。同樣的，我們可以吸入仇恨、嫉妒、羨慕、成癮，利用自己對那種痛苦的體驗，將施受法延伸到所有困在同樣處境的人，然後呼出改變的能力、輕鬆的心情、不侵犯的行為、力量，以及任何我們覺得能夠帶來撫慰、鼓舞、解脫的信息。世間的苦讓我們感到椎心之痛，但我們永遠不會忘記生命的美好。

丘揚．創巴曾說：「大多數人的問題是，他們總想送出不好的，收進好的。這就是一般社會和整個世界的問題。」該是我們嘗試相反策略的時候了：收進不好的，送出好的。慈悲，指的不是憐憫或強者扶助弱者，它是視眾生平等的一種對待關係，是相互扶持的關係。持施受法，我們會開始意識到他人的福祉和我們的福祉同等重要。幫助他們，我們就等於幫助自己。幫助自己，我們就等於幫助這個世界。

8. 慈悲的觸媒

有人寄了一首詩給我，它似乎捕捉到勇士律儀的精髓——對其他生命的同理心。這首詩叫做〈鳥足的爺爺〉（Birdfoot's Grampa），它說到一個男孩和他爺爺在暴風雨中行駛在鄉間的路上，爺爺不時把車停住，下車將滿地的蟾蜍一堆堆捧起來，安置在路邊。在他第二十四次下車時，男孩不耐煩了，跟爺爺說：「你救不了全部的，接受這個事實，上車吧！我們有地方要去。」這位爺爺，膝蓋埋在濕漉漉的草叢中，滿手捧著蟾蜍，僅僅微笑地對孫子說：「牠們也有地方要去。」

這首詩如此清晰地道出了這個律儀的精神。爺爺不介意二十四度停車，不介意冒著雨解救蟾蜍。他也不介意孫子的不耐，因為他清楚地知道青蛙跟他一樣渴望活下去。

❁啟動本具的愛、慈悲、同理心

第二律儀：關懷天下眾生，是一個宏願。但不管我們是第一次發下這樣的誓願，還是數不清第幾次發願，我們的起點都是此時此地。我們的狀態不是比較接近孫子，就是比較接近爺爺，但不管我們處在哪兒，那就是我們的起點。

據說當我們發下這個誓願時，它會在我們的潛意識裡，在心智深層之處，種下一粒種子。這粒種子是個觸媒，可以啟動我們本具的愛、慈悲、同理的能力，讓我們看見眾生的共同性。因此我們發下誓願，種下種子，然後盡我們所能地去愛護、包容所有的人。

當然，要持守這個律儀並非易事，但重要的是，每次我們背離它時，我們會意識到自己把某個人擋在外面了，我們疏離了某個人，把某個人變成他者，變成圍籬另一邊的人。常常我們是如此義憤填膺、如此蓄勢待發，以致於根本看不見自己被習性左右了。但如果幸運的話，我們會意識到發生了什麼事——或者會有人告訴我們——這時我們就向自己坦承做了什麼，然後重新發願對他人保持開放的心，重新開始。

有些人喜歡在重新發願的時候，誦讀一段具有啟發性的詩文。下面這段來自寂天的詩，就是通常我們在重新確立利他意向時複誦的：

一如過去覺醒的人
先是升起覺醒之心
然後在菩薩道上
步步精進，
故而為了利他，我也
將升起覺醒之心
在那些修持上步步精進。

我們複誦這些或類似的話語，來重申我們的誓願，接下來就是嶄新的一刻，就從那裡開始前行。我們可能會再一次踉蹌，一而再、再而三地重新開始，但只要種子已經種下，我們永遠會朝著越來越包容，越來越慈悲、關懷的方向前進。

這個誓願是守護彼此的勇士律儀，目的不是要做一個完美的人，而是不斷將良善的信息輸入我們的潛意識，不斷播種，好培養一顆沒有邊際、覺醒的心。每次我們發覺自己背離了這個誓願，與其非難自己，與其種下自我論斷、自我貶抑的種子，或義憤、盛怒，或任何讓我們遷怒於他人的種子，我們也可以播下力量的種子、信心的種子、愛與慈悲的種子。我們播種，好讓自己越來越像那位爺爺以及許多我們認識或聽說過的，樂意為了別人而將自己的生命置之度外的人。

當你因自己的嚴苛和不寬容的心而對自己感到失望時，想想寂天，或許你的心情會好一點。寂天說，當他發心解救有情眾生時，他「顯然是瘋了」，因為他「跟別人一樣為世俗的煩惱所苦」，他跟其他人一樣無明，雖然那個時候他並不知道。

我們的無明也是每個人的無明。所以當你認為自己徹頭徹尾失敗，無可挽回地背離了你的誓願時，寂天的建議是：不要陷入內疚的泥沼，把失敗當作一個誘因，激勵你窮盡餘生地去認清自己的習氣，並竭盡所能不去強化它們。

發心持守勇士律儀，就像置身在一艘沉船上，卻決心先幫助其他乘客逃脫。數年前，我看到一個完美的實例。一架全美航空客機墜落在紐約市哈德遜河上，它從拉瓜迪亞機場（LaGuardia Airport）起飛不久後，遭到飛鳥的撞擊，導致引擎出現問題，機師不得不把飛機降落在河面上，而因為他純熟的降落技術，機上一百五十五名乘客全都倖免於難。至今我仍然記得他們站在機翼上，被趕來現場的船隊解救的畫面。故事的重點是，機師一直留在機上，他在每個人都安全獲救後，又搜索了兩次，確定沒有留下任何人才離開。那就是將勇士律儀具體實踐的一種典範。

另一方面，我也聽說過在類似情境下只顧著自己脫險，而不管任何人死活的故事。這些人談起這些經歷時，總是悔不當初。有一位女士告訴我，她多年前親身經歷的一次墜機事件。機組員命令乘客立即撤離，因為飛機可能會爆炸。這位女士衝向出口，沒有停下來協助任何人，甚至沒理會一個無法解開安全帶的老人。事後，她對於自己沒有幫助這個老人感到非常愧疚，因而發願把握每一個機會，不遺餘力地助人。

寂天說，背離這個律儀的唯一方法，就是完全放棄幫助別人的意願，不在乎自己是否在傷害他們，只顧自己的安全與保障。當我們關上門，完全不關心別人的死活時，當我們因為太憤世嫉俗、太消沉或充滿疑慮，所以乾脆放棄時，我們才算真正出了問題。

❈微笑地看待恐懼，不被動搖

持守這個律儀，最重要的就是，當心中升起根本的焦躁、不安感時，訓練自己不要害怕。我們要學習的課題是，微笑地看待無依無恃、微笑地看待恐懼。我在這方面有長期的修練經驗，因為我有恐慌症。經歷過恐慌發作的人都知道那驚恐的感覺可能來得莫名其妙，以我來說，它常在深夜發作，在我完全沒有防備的時候，但這些年來，我已學會安住在那種心跳停止、無法思考的感覺中。我的第一個反應總是驚駭地喘氣，不過我發現，丘揚·創巴也常在描述如何察覺菩提心時，同樣那樣地喘氣，因此現在，每當我因恐慌發作而喘氣的時候，我就觀想丘揚·創巴的面容，想著他談起菩提心時氣喘吁吁的模樣，接著恐慌的能量就會穿過我，離去了。

如果你抗拒那種恐慌的能量，即便是不自主、無意識地，恐懼可能會持續很久。因應它的方法，就是不去編造情節，既不退縮，也不迎向「糟糕了」的想法，而是微笑地看待恐慌，微笑地看待這個在心窩處綻裂的可怕、無底的大洞。當你能夠帶著微笑面對恐懼時，轉變就開始了：你通常試圖逃避的，成了一個媒介，喚醒你的本初善，喚醒你明淨的心與義無反顧的愛。

勇士，代表的是一個能夠進入最可怕的地獄，不因為直接體驗殘暴和無法想像的痛苦而心志動搖的人。所以那就是我們的道路：我們盡可能含笑地面對恐懼，含笑地面對我們的義憤、懦弱與對脆弱感的規避，即便在最艱困的情境下也是如此。

傳統上，有三種踏上勇士之道的途徑，即三種發願利他的法門。第一種，是像君主，像國王或皇后一樣地修持，意思是先把自己的王國整頓好，再本著那樣的力量去照顧子民。也就是說，**我先修練自己，讓自己安身立命，以便利益他人。只要我不再被欲念牽引，我就能安住於當下，不把我的思想與心性鎖起來。**我們努力的目標是，隨著歲月，越來越能守護他人。

為人父母者有很多這樣的磨練。大多數的母親和父親都熱切希望給孩子良好的生活，沒有打罵或惡劣的對待。但現實是，有時你會發脾氣、會大吼；現實是，有時你會煩躁、不可理喻、不成熟。看到自己的理想與行動之間的差距，可以激勵我們努力去調整自己的心、去改變我們的習性反應和不耐煩。它可以激勵我們提升自我覺察的能力，讓自己越來越能止離衝動，但不壓抑。我們歡喜地自我修持，讓自己成為更有能力、更有愛心的父母。

從事關懷照護工作的人，也有很多機會像君主般踏上勇士之道。也許你想幫助無家可歸的青少年，因為你曾經跟他們一樣。你渴望能改變他們的生命，即使只能改變一個也好，讓他們知道自己並非孤單無助。然而沒多久，你發覺自己動不動就被這些年輕人的行為激怒，以致完全失控，沒辦法再守護他們了。這時，你可以借助禪坐或第一律儀來幫助自己安住於當下，接受所有浮現的覺受，包括失態、無能、羞愧。

❁我的痛苦是了解他人痛苦的踏板

修持勇士律儀的另一個途徑，是懷著渡船夫的心態。我們是與所有的有情眾生一起渡河，一起迎向我們的自性。也就是說，**我的痛苦是了解他人痛苦的踏板**，我們的苦沒讓我們自怨自艾，反而成為真心體恤他人之苦的媒介。

一些癌症倖存者告訴我，這種心態給了他們力量去承受化療所帶來的身心之苦。他們無法進食、無法喝水，因為吞嚥任何東西都是極為痛苦的事。他們的口腔糜爛，有脫水的現象，感到極度噁心。後來他們接受了施受法的訓練。當他們向所有其他承受著同樣的身體痛苦，以及伴隨而來的孤獨、憤怒和其他悲苦情緒的人打開心門時，他們的世界變得越來越寬廣。藉由自己的痛苦，他們了解到同一條船上其他人的痛苦。

我記得有一位女士告訴我：「我的情況已經糟得不能再糟了，所以我能夠毫無保留地吸入別人的痛苦，同時說：『既然擺脫不掉我的痛苦，我願意接收其他人的所有痛苦，並由衷希望不會有其他人遭受這樣的痛苦。』而且我也能夠毫無保留地送出解脫。」這並不表示你不再反胃，也不表示你突然可以進食、喝水了，她說。但修持這個法門讓你的痛苦有了意義，當你的心態改變了，對痛苦的排斥、全然無助和絕望的感覺也都消失了。

我們無法美化可怕的處境，但可以利用它帶來的苦，去了解我們與他人的共同性。寂天說，既然有情眾生都會為強烈、衝突的情緒而苦，都會得到他們不想要的，又無法牢牢抓著他們想要的，而且，也都會有身體上的病痛，如此一來，我怎能把自己看得那麼重要？既然我們都在同一條船上，我怎能把自己看得那麼重要？渡船夫的精神，是把一切拖累我們、使得我們退縮的事物當作踏板，來喚醒我們的慈悲，探觸勇士那寬廣無垠、沒有偏見的心。

第三個途徑，是採取牧羊人的精神。牧羊人永遠把他的羊群擺在第一，一如那位解救青蛙的爺爺或緊急迫降的機師。消防人員衝入燃燒的大樓，或父親冒著生命危險去救自己的孩子，這些故事反映的也是這種精神。牧羊人總是不假思索地把別人看得比自己重要。

幾乎每一個人都認為，把別人擺在第一，是持守勇士律儀始終都該採取的途徑，所以如果達不到這個境界，我們就會責難自己。但這些途徑沒有好壞之分。也許我們會說，自己是朝向牧羊人的精神演化，但這種演化是自然而然的，且另兩條途徑同樣有效。這其中的重點，在於指出三條途徑都是美好、值得敬佩和稱頌的勇士之道。

事實上，大部分的我們對這三條途徑都會採取。在你的生命中想必有許多時候，你為了能安住於當下及對別人有幫助，而修練自己；也有些時候，你的傷痛讓你對別人的傷痛感同身受，你的悲痛或身體上的痛楚成了觸媒，讓你得以體恤另一個人的覺受；另有些時候，你會自發性地把別人擺在第一。

冷漠的心和狹隘的思想，不是我們想要強化的習性，它們不會引領我們走向覺醒，相反的，它們還會禁錮我們。所以，我們應持守勇士律儀，發願守護彼此，然後盡可能永遠不冷漠地對待任何人。當我們跟蹌的時候，我們就再一次發願，然後繼續前行，因為我們知道，即使是過往那些覺醒的人，也有過類似經驗，不然，他們怎能感同身受？不然，他們怎能培養耐心和寬容、愛和慈悲呢？

第三誓願

如實擁抱世界

我們應當把生命中的風暴視為天大的好消息。

——丘揚·創巴仁波切

9. 無處可藏

持守第三律儀，我們便全然踏入無依無恃的狀態，安住在變化不息的處境中，視之為覺醒能量、本初善的示現。從某個方面來說，這並不是什麼新內容，那是我們一直都在修習的。但感覺上，它是向前跨出的一大步，也是意識上的一個重大轉變。我們把從前兩個律儀所修習到的，特別是全然開放地安住在當下這部分，加以融會貫通，然後加碼。這個律儀的重點在於全然，修持者必須更加確實地實踐**全然安住於當下**的課題。這對固有的自私自利的我執習性，勢必造成相當大的壓迫。無處可藏的感覺可能會非常強烈。

有一次，在盡可能不間斷地努力修練這個律儀長達數個月之後，我向丘揚·創巴抱怨自己彷彿就要失控了。我會為了一點點的灰塵而感到不悅，還動輒對別人發脾氣。他回答，那是因為這個律儀要求保持清醒、要求成長，而我還不適應的關係。

❊第三誓願：如實擁抱世界

第三律儀，傳統稱為三昧耶律儀（Samaya Vow），是發願如實地擁抱世界。藏文Samaya的意思是「神聖的誓約」（sacred vow），或「不解離誓約」（binding vow），它意味著與自己的全部覺受同在，與生命結下不解之緣。修持這個律儀，即表示接受了我們與實相同在、與每個當下的覺受同在的誓約。我們不能逃避自己的覺受，除了當下的情境，我們無處可去。我們隨順因緣，放下執著，安住於所有的景象、聲音、氣味、味道、念頭，以及我們遇到的人。這是一個不排斥任何事物的誓願。藏傳佛教上師頂果．欽哲（Dilgo Khyentse）下面的這段話，精闢地表達了這樣的精神：

每日的修習，僅只是培養自己對所有境遇、情緒和所有的人完全接受和開放的態度，全然體驗一切，沒有遲疑和罣礙，讓自己絕不退縮到自己的世界裡或以自我為中心。

第三律儀的態度是：我們生活在一個本質上是善的、覺醒的世界裡，而我們的道路就是去發覺這一點。簡單地說，這個階段的修持，就是觀照你的覺受——所有的覺受，片刻不離。

首先，你繼續持守另兩個律儀，修習正念、不斷回到當下和當下的覺受：地板上的雙腳、膝蓋的疼痛、流過指尖的溫水、刺痛雙眼的冷空氣、敲打的聲音、咖啡的氣味。

然後，在觀照之餘，對這每一個獨特、寶貴的時刻，心存感激。也許你希望那個工人停止敲打，他已經敲打了一整天，一個月下來天天如此，而你已經受夠了。

但那會過去。一年後當你想起這件事，你會覺得那敲打聲似乎在彈指之間就消失了。聽見敲打聲只是瞬間的覺受，鎚子的每一次敲擊，都是一個獨特的瞬間，你絕不會聽見兩次完全一樣的敲擊聲。

無論你所聽見的聲音讓你感到多麼煩躁，每個聲響都值得觀照。當你懷著欣賞的心去傾聽它的時候，它會開始讓你走出自己，走出你那狹小、自我中心的世界，讓你不再只想到自己。當你與自己和世界產生這種真實的連結時，你可能會開始進入覺醒的狀態，會突然覺得彷彿置身在一個寬闊無垠的空間，在那兒你可以自由地呼吸。你會覺得自己彷彿踏出了一個狹小、陰暗、讓人窒息的帳篷，站在大峽谷的邊緣。在這個地方，你單純地存在著。這不是什麼超凡入聖的地方，你也並沒有超脫生活中的尋常瑣事。正好相反，你終於百分之百地安住在這些瑣事裡，它們成了一個門徑，帶領你通往金剛乘（Vajrayana）所稱的「聖境」。這裡的「聖」不是宗教或神聖的意思，而是珍貴、稀罕、短暫、以及本初的真與善。

❀眼、耳、鼻、口所遇都是通往聖境的門徑

丘揚・創巴的一些詩文，描述的就是這樣的境界。詩的開端描述視覺是通往聖境的門徑：

在空性中，眼睛所見的一切都是顯然的幻象，但仍然具有色相。

「空性中顯然的幻象」指的是沒有了想法、標籤的尋常世界，它的光彩歷歷在目，卻永遠無法全然抓住。詩文接著說「但仍然具有色相」，空性與色相是永遠無法分開的。我們所看見的，我們感知到的尋常、司空見慣的景象，即是色相，即是空性、覺醒能量的示現。從早上醒來，到我們入睡，甚至在我們的夢中，色相不曾休止、間斷過，我們時時刻刻都有機會透過我們所見的景象，去領會這個聖境的珍貴。

空性不是一個空無一物、沒有任何事情發生的空白。真正的重點是：發現本初

善——發現事物的覺性、存有性、當下性——並不是超脫尋常現實才能體驗到的。它來自於用心體會單純的覺受，沒有多餘的詮釋被編造出來。當我們看見一輛車門凹陷的紅色汽車時；當我們感到熱或冷、柔軟或堅硬時；當我們品嚐一枚李子或聞到枯葉的氣味時，這些單純、直接的覺受，就是我們與本初覺醒、本初善、聖境連結的媒介。唯有透過全然覺知我們當下的覺受，我們才能發現世界的清淨、永恆、終極本質。

一九七〇年代初期，曾有一個弟子在聽講時，起來要求丘揚．創巴告訴他什麼是證悟。我永遠記得丘揚．創巴的回答。「證悟，」他說，「就像第一次聽到號角聲或聞到菸草味。」那就是第三律儀這個教義背後的觀點。如果我們逃避我們的覺受，或認為它不重要而輕忽它，我們就會失去一次證悟的機會。

丘揚．創巴的詩文接著說：

耳朵聽見的一切都是空性的回音，但它們是真實的。

聽覺，以及我們其他的感知能力，也是通往聖境的門徑。我們聽見的一切都是空性、覺醒能量的回音、聲音，抓不住，但聽得見。它也是「上師的清晰話語」——上師的聲音。如果有人在跟我們說話，即便我們不喜歡，也不能視為普通笨蛋在瞎扯，那都是上師的聲音，是空性、覺醒能量示現的聲音。如果窗外有一隻老鷹正用牠刺耳的叫聲刺痛我們的耳膜，那也是覺醒能量的聲音，是上師在喚醒我們的聲音。

我們所看見或聽見的一切，都是覺醒能量的一種示現，是通往聖境的門徑。這即是第三律儀的觀點，也是我們發願如實擁抱世界時決心信守的觀點。我們發願去用心體會自己以及我們的世界，發願去接受，永不迴避。

平常我們總是將自己的好惡投射到示現的事物上。我們感知到的一切，都摻雜了複雜的情感、個人的好惡、文化的包袱，還有很多的執著。但誠如丘揚．創巴說的：「就好像『燕麥片』一樣，有人喜歡熱騰騰的麥片，有人討厭。然而，燕麥片就是燕麥片。」

冬天望著窗外的雪，我們會看見它的顏色，看見它如何飄落，看見它堆積在地面、車輛、樹枝上，看見不同形狀的雪堆。我們可以看見它的晶體在陽光下閃爍，看見它藍白色的影子。我們可以只是如實地看著它，不額外加上任何覺受。但這通常不是我們看待雪的方式，我們見到的景象被我們的情緒反應遮蔽了。我們喜歡它，或不喜歡它；它讓我們覺得開心，或讓我們感到悲傷；它令我們焦慮或懊惱，因為我們得在出門工作前剷除它，而我們已經要遲到了。

我們對它的感覺，即便是複雜的感覺，也有強度上的不同。我們對雪的喜愛可能帶著執著（「我真希望雪會凝固，這樣我們這個週末就能滑雪了」），但我們也可能不帶執著地喜歡它。我們可能帶著執著、帶著義憤地（「老天竟敢在我舉辦重要宴會的這一天下雪」）不喜歡它，但我們也可能不帶執著、不帶任何情緒地不喜歡它。不過，無論我們對雪有什麼樣的感覺，它依然是雪——覺醒能量的示現，就只是雪而已。我們可以如實地看著它，不加油添醋。

丘揚・創巴的詩文接著說：

好或不好，快樂或悲傷，所有念頭都消失在空性中，一如空中飛鳥劃過的痕跡。

所有在你腦中升起的念頭——如何報復、如何逃稅，或這個會議結束後打算做什麼；崇高的念頭、攻擊的念頭、焦慮的念頭、開心的念頭——所有升起的，都是空性、菩提心的示現。通往堅不可摧的福祉之道，就在於全然安住在當下，接受所有的景象、所有的聲音、所有的念頭——絕不退縮、絕不躲藏，完全不需要去渲染或淡化它們。

毫無疑問地，這是很難領會的概念。所以我們要修習前兩個律儀，打下基礎，止離口業或身業，不對任何一個人關閉我們的心和思想。我們需要深深扎根，才能達到萬事萬物皆是覺醒之道的境界。

❊接受生命的純粹性，如實面對

前兩個律儀的修持，有很大一部分是盡可能不將我們的標籤和成見、我們的觀點和想法附加在我們的感知上。持守第三律儀時，我們會更進一步修習這個課題。這不是說我們不能對燕麥片、雪或其他任何東西持有觀點和看法，我們只是不執著於這些觀點。我們嘗試它們、把玩它們，就好像一齣戲劇裡的演員。當生命像一個完全失控的瘋狂派對時，我們可以與之共舞；當生命如愛人般溫柔時，我們還是可以與之共舞。我們的功課，就是我們當下的處境、我們當下的自己。

這個律儀講的就是接受生命的純粹性，如實地面對生命，不添加任何東西。我們開始認清，我們的觀點和想法，甚至那些帶有激情的，就只是我們的觀點和想法，不多也不少。雪仍是雪，燕麥片仍是燕麥片，不管我們是希望它永遠不要再出現在餐桌上，還是我們太喜歡了，喜歡到想開個養身館，每餐的菜單上都有它。

再舉一個例子：吸菸。有些人認為吸菸不好，是地球上最糟糕的事。有些人喜歡吸菸，覺得所有強加在他們身上的限制是對他們的迫害。然而，吸菸仍只是吸菸。你看到這句話，可能會覺得這個觀點很難接受——每個人都知道吸菸有害健康，看，有五百七十頁的研究報告指出吸菸與肺癌的關係，以及二手菸的影響。但，想想你對「吸菸只是吸菸」這個想法的強烈反對或強烈支持。吸菸本身可能無所謂對錯，然而它激起的執著可真不小。

世間所有的戰爭、仇恨、無知，都源於我們太堅持自己的看法。而其實，那些看法只不過是我們企圖逃避人生潛在的不安感，那種好像在腳下找不到地面的不安感，所做出的努力。故而我們依附僵固的想法，認定事實就是如此，貶抑對立的觀點。但想像一下我們會有一個什麼樣的世界——如果我們發現好惡就只是好惡，而我們認定的根本實相也只是我們個人的觀點而已。

第三律儀不是未來導向，它講的是全然接受當下發生的事。它指的是向內去貼近我們的直接覺受，用心體會，與這些覺受合而為一，不以我們的概念、內在的對話、對事情的詮釋去粉飾它。感到不安時，我們通常會變得非常武斷，固執己見，以消除那不穩定、焦躁的感覺。但我們其實可以採取另外一種方法，就是安住在其中，然後再一次發願保持清醒。持守這個律儀需要用心修練的功課，就是懷著無窮的慈悲來見證自己。我們見證到自己退縮，落入僵固的想法、僵固的自我感和我執，希望生活如意——一切都是為了逃避人生暗昧不明的本質。第三律儀讓我們能夠開始以慈悲和絕對的誠實，來認識自己，亦即更深入地與自己為友。

藉由持守這個擁抱世界的律儀，我們繼續質疑我們的我執。禪宗聖嚴法師在他臨終前所寫的一首詩中說：「本來沒有我，生死皆可拋。」到了生命的終點，我們會清楚體認到根本沒有一個固定的我，這個身軀、這個身分，我們都帶不走。但有人會問：如果本來沒有我，那麼覺受到這一切苦樂的又是誰？聖嚴法師圓寂的這首詩還說：「空裡有哭笑。」他沒有說：「空裡不體驗人生。」

不過只有當那個充滿恐懼的「我」不再強求或抗拒生命，不再逃避或執著於生命，我們才能全然地活著。我們越是不以自己為中心，就越能全然地投入生命；我們越是能脫離那個狹隘、自我中心的自己，越擺脫我們對自己是誰或自己能做什麼所持有的成見，我們就越能勇敢地如實擁抱這個世界。就像李奧納・柯恩（Leonard Cohen）談到他多年禪修的好處時說的：「我越是無我，就越快樂。」

然而，放下我執不是我們僅僅希望就會發生的事，我們必須藉由我們的每個表情、每句話、每個作為、每個念頭，來培養那樣的習性。我們行進的方向若不是放下並強化這種能力，就是執著並強化那源自恐懼的習性。我們可以選擇實相，與它同在、專注於當下、參與、開放，去面對我們所看見的、聽見的、想到的；我們也可以選擇避開。但如果我們避開，我們極有可能會一直禁錮在同樣的痛苦窠臼裡，永遠無法真正體驗到覺醒、體驗到存在的神聖性。

西藏上師阿南・渡登（Anam Thubten）在一次題為「愛上空性」（Falling in Love with Emptiness）的開示中，闡明第三律儀的體驗：愛上人類的境遇，不將自己一分為二，以所謂好的部分來非難所謂壞的部分，而壞的部分千方百計地陷害好的部分。我們並非在試圖培養自己的某一個部分，且除掉另一個部分。我們修練的是接受我們的一切。

阿南・渡登在開示中說，如果要愛上空性，我們必須問自己一個很重要的問題：「我是否願意放下一切？」換言之，我是否願意放下我與其他人之間的所有障礙？你必須先確定這一點，才能堅定地發心擁抱這個世界。但如果你先是肯定地回答「願意」，不久又發現「這太難了」，也不必苛責自己。持守這個律儀常被形容為不斷擦拭鏡子上的灰塵。一如勇士律儀，這是一個很容易失守的律儀，但我們只要再次發願對生命保持開放的態度，就能修補過失。

❁生命的曼陀羅無法安排，卻總是完整

每個人的生命都像一個曼陀羅——一個廣大、無限的圓。我們站在自己的圓圈中央，而所有我們看見的、聽見的、想到的，則形成了我們的生命曼陀羅。我們走進一個房間，那個房間就是我們的曼陀羅；我們搭上地鐵，那個地鐵車廂就是我們的曼陀羅，甚至一個查看手機留言的少女和縮在角落的街友也都是；爬山的時候，

我們眼前看見的都是我們的曼陀羅：雲、樹、山頂的雪，甚至小徑上一條盤捲的響尾蛇；當我們躺在醫院的病床上，醫院就是我們的曼陀羅。曼陀羅不是我們安排的，我們無法選擇誰或什麼出現在裡面。它就是如丘揚・創巴說的：「無法安排卻總是完整的曼陀羅。」而我們可以如實地擁抱它。

所有出現在你的曼陀羅裡的，都是你覺醒的媒介。從這個觀點來看，覺醒是隨時垂手可得的。你生命中出現的一切，即使是一滴雨水或一坨狗大便，無一不是覺醒能量的示現，無一不是通往聖境的門徑。但你的生命究竟是一個神經質的曼陀羅，還是一個神志清楚的曼陀羅，由你決定。

無明的心帶來的痛苦，與覺醒的心帶來的光明，組合成你的生命曼陀羅。這是一個生與死、沮喪與歡樂可以並存的環境。不必擔心，你可以擁抱一切——美麗的、良善的、高尚的、卓越的、傷痛的、殘酷的、無知的，你什麼都不需避開。甚至擾人的情緒，如貪、瞋、癡、慢、疑，也是你的曼陀羅的一部分，你可以欣然接受它們。

在睡夢中、清醒時——在我們的曼陀羅中——出現的一切，都是顯然的幻象，但那是我們僅有的。我們可以稱之為毒，也可以稱之為智慧，取決於我們選擇去面對還是設法逃避。第三律儀鼓勵我們把生命曼陀羅當作證悟的盟友和發祥地。

❊忘掉自己的唯一途徑，是認識自己

道元禪師說：「認識自己，你就能忘掉自己。忘掉自己，一切事物都能讓你開悟。」要忘掉自己，領悟到沒有不變、本來的自己，唯一的途徑，就是認識自己。我們必須全然、徹底地了解自己，絕不閃躲、絕不轉移我們的目光。我們必須對這個叫做「我的生命」的東西、叫做「我」的人，懷著好奇心。這個擁抱世界的律儀會帶著我們向內深入探究。

道元的最後一句開示是：「忘掉自己，一切事物都能讓你開悟。」我們發願不成為自己的障礙，發願不再堅持事情按照我們的意思發展，不再堅持我們認定的是事情的真相。忘掉自己，我們首先必須熟知我們的執著、習氣、逃避的出口，然後願意將它們放下。我們必須克服自己的惰性，它使我們一而再、再而三地落入同樣的陷阱，而我們好像無所謂似的。我們必須願意聽從自己的智慧，而不是服從機械化、習以為常的模式。我們必須願意邀請可怕的覺受多停留一會兒，好去深入了解它們。我們必須願意懷著這樣的心念：我們的本質是明智、善良的，有著全然、徹底覺醒的潛能。

當我們不再被「我」引誘時，道元說，一切事物都能讓我們開悟。那就是第三律儀的體驗：生命一如開悟的曼陀羅，總是鼓勵我們覺醒、體驗生命、全然安住於當下、更加包容和樂於助人。

不傷害的律儀，非常明確地告訴我們該培養什麼、該斷除什麼。它明確列出什麼是所謂的善業、什麼是所謂的惡業。我們不說謊，相對地我們要誠實；我們不偷盜；相對地，我們要慷慨，諸如此類。但持守第三律儀時，我們需要自己找出精進的方法。它沒有明確指示，沒有任何可以依附的東西。你必須自己決定什麼能帶給你內在的力量，什麼能將無明降至最低，什麼能幫助你解脫，什麼能讓你更加如實地體驗人生。然後，你可以先把目前對你來說太困難的事，任何你還沒有能力應付的事，擺在一邊，但你始終都沒有放棄努力去達到一個更高的境界，在那兒沒有什麼是你無法面對、無法應付的。達到那個境界之前，你只要朝著明心前進，讓自己越來越能如實地看見自己的執著、如實地看見自己上鉤、了解到自己的觀點和想法就只是觀點和想法。

這個律儀的要訣，在於坦承什麼是你當下能夠應付和無法應付的。比方說，如果你正在努力戒毒，就不要跟過去販售毒品給你的人在一起；如果你正試圖戒斷酒癮，就不要進出酒吧。不過，第三律儀不像第一律儀，它沒有一個該做什麼、不該做什麼的一覽表，它不會告訴你「不要進出酒吧」。即便有一覽表，也只是你自己定的，一個僅僅顯示出你當下狀態的一覽表。你並非打算永久避開那些事情，如果你正在戒酒，你很可能會希望有一天你能確定自己真的戒斷了，這樣你就能去幫助那些仍然困陷在酒癮循環中的人。為了幫助那些人，你可能會偶而出現在酒吧裡，但如果二十分鐘後，你跟自己說：「為了能真正幫助這個人，我想我該喝點酒，就一小杯。」那麼你就是在自欺欺人。

諸如此類的事，我們必須自己決定。到了第三律儀這個層次，一切都是自己、個人的決定。我們或許會希望有一個表單告訴我們該做什麼、不該做什麼，但就是沒有。那責任落在我們身上。

勇士的修練課程，包括所有這三個律儀。在勇士之道上，我們耐心地訓練自己絕不迴避自己的覺受。而當我們真的迴避的時候，我們也分辨得出那是因為我們知道自己當下還無法面對，而不是因為我們不想去體驗自己當下的覺受、不想體驗那脆弱的感覺。但這種分辨的能力並非一蹴可幾，我們需要一點一點地、一分一秒地、一步一步地修練我們的意念和我們的心。

人們常問我：「我們怎麼知道什麼時候該止離，什麼時候該接受？」我的答案是：你覺得怎麼做自然，就怎麼做。如果你覺得第一律儀，止離，最有用，那你就這麼做。但如果你在面對一個令你懊惱或不耐煩的人時，覺得能夠將心和思想開放得稍久一點，你就照著你的直覺做。如果你能在那個情境下將心多敞開一會兒，或許你就會開始領略到完全不排斥的境界。

當我們對自己的覺受有較深入的了解時，因為有十足的信心不會造成傷害，我們就能開始自在地說話和行動。但如果我們沒有自我覺察的能力——覺察不到自己是否上鉤了、自己的心和思想是開放還是封閉——我們十之八九會陷入無明與痛苦。在這個律儀下，我們意圖全然接受一切升起的覺受，如實體驗我們所在的聖境。無明的心感知到的世界，是混沌不明的，而不執著的心感知到的世界，則是一片淨土、一個覺醒的曼陀羅。

此時此地就是覺醒的基地

今日世界上發生的事，是地球上所有人的集體意識造成的，這意味著每個人都需要為自己的心智狀態負起責任。第三律儀指出，世界如何可以從一個人人都在防衛自己的領域、堅持僵固的想法而使衝突不斷升高的地方，轉化為一個覺醒的地方。

如果我們的心變得冷漠、殘酷，毫不猶豫地傷害別人，戰爭就會爆發，環境就會惡化。如果人們依然執著於一種建立在恐懼之上的生活方式，即使絕佳的政治體系都無法解救這個世界。和平與富足取決於我們這些世界的子民如何修練自己的心。不逃避人生的變化無常，勇敢地接受一切，我們就有機會改變自己的人生，同時改變這個世界。

我需要強調的一點是，我們要先修心，然後以之為本，採取行動。在採取行動的時候，我們要記得每個人基本上都是善良的。沒有人應該被排除在外，沒有人應該被逐出我們的曼陀羅。因緣俱足的時候，即使不足以做為楷模的人，也可能適時挺身幫助他人，就像德國企業家奧斯卡・辛德勒（Oskar Schindler）一樣。他在二次世界大戰期間雇用猶太人在他的軍火和金屬工廠工作，藉此挽救了好幾百名猶太人的性命。他並非什麼大好人，在很多人眼裡，他是個投機商人，喜歡結交納粹黨衛軍，但他頑強地捍衛他的員工，反對納粹將他們驅逐，他高尚的情操與膽識因此流芳百世。

大部分的我們，就像辛德勒，是粗暴與圓融、尖刻與親切的豐富混合體。但不管我們現在處於什麼樣的境界，不管我們此刻的生命狀態如何，這就是我們的曼陀羅，是我們修練覺醒的基地。覺醒的人生不在別的地方，不是修成正果的人才能抵達的某個遙遠的地方。發願如實擁抱這個世界，我們就會開始了解明智與良善一直都在，是我們此時、此地就可以發掘的。

10. 覺醒屍陀林

在西藏，因為一年裡大部分的日子地面是凍結的，所以屍體不能土葬。因此，當一個人死亡時，身體會被切成一塊塊，然後送到屍陀林，也就是墳場，讓這些屍塊成為胡狼、禿鷹和其他掠食鳥類的食物。散布著肢體、眼球和內臟的屍陀林，是個令人毛骨悚然的地方，絕不是我們想流連的場所。

但就是在這樣的地方，因為四周都在提醒著你死亡與無常的真實性，勇敢的禪修者可以訓練自己在最困難的情境下，保持清醒並安住於當下。也就是說，在如此強大的衝擊下，我們在持守擁抱世界這個律儀上，可以有最深刻的體認。

屍陀林已然成為一種隱喻，象徵生命的實相，象徵生命並非我們所希望的那般美好。在這個本來實相中，同時存在著生命的各種體驗。不確定性和不可預測性、無常與變化、幸福時光和艱困時光、悲傷與歡樂、失與得……，這一切組構成了我們的主場、我們的生命曼陀羅、我們修練無懼與慈悲的基地。這裡有我們潛在的豐富性、我們的力量，所以我們與它合作，而不是與之對抗。就在我們所在的地方，我們發願得到解脫，因為我們不可能找到更殊勝的覺醒道場。

❋生命的甜美與嚴酷共同打造出真正的勇士

屍陀林修行考驗著我們擁抱世界的決心，將「如實擁抱生命」的範圍擴展到那些令我們感到安適的情境之外。我們要面對生命的豐富性，不掩蓋那些我們無法接受的、覺得難堪的、討厭的部分；不對覺受有所好惡；不排斥痛苦的體驗，或執著於宜人的感覺。在屍陀林，我們會體驗到生命的不堪，也會體驗到生命的美好——人類的所有體驗——並發現，要成為一個真正的勇士，所有體驗缺一不可。生命的美好讓我們振奮，讓我們能夠滿懷熱忱地前行，當我們聽到可喜的消息或遇見能啟發我們的老師，當我們開心地跟好朋友在一起或來到一個美麗的地方，當我們覺得生活美滿、萬事如意時，我們自然會感到歡喜、自在。但所有這些好運可能會讓我們變得傲慢、自滿，或對別人的苦難無動於衷，這時生命的不堪能讓我們學會謙卑。它會切斷我們所有的優越感，讓我們認清安適並不是我們與生俱來的權利。但話說回來，如果人生有太多不堪，有太多悲苦與絕望，我們會崩潰，根本不想下床。因此生命的甜美與生命的嚴酷具有相輔相成的作用，美好的際遇帶給我們願景，不堪的際遇讓我們不致得意忘形。正當我們準備放棄的時候，一句溫柔的話，或大海的景致，或優美的音樂，都可以幫助我們重拾信心。正當我們志得意滿，變得目中無人時，突發的不幸，或醫生告知的噩耗，或我們所愛的人的意外死亡，都會驟然將我們拉回現實，讓我們再度與我們柔軟的心連結。

當生活不順遂，當我們感到極度焦躁而又不知如何是好時，要安住在當下是十分不易的。但也就是這種時候，如果你能安住於當下，收穫也會是最豐碩的。在我們沮喪、痛苦、不堪負荷、走投無路時，安住於當下是一大挑戰，但就在這個時候，在遇到困難的時候，我們的處境成了我們最理想的道場。我們可以採取極端的作法：把苦當作我們的主場的一部分，當作我們的覺醒曼陀羅的一部分，直接與之相應。我們不是在凡事盡如人意的樂土覺醒，我們是在屍陀林覺醒。

因此，當你發覺自己所在的情境定然會引發你的習性反應時——跟親戚長時間相處就是一個很好的例子——你可以練習不離開，全然、如實地體驗你當下的處境。如果你能安住在最困難的情境下，這個情境的強度就會轉化你。當你能夠把最恐怖的地獄當作一個你可以覺醒的地方，你的世界會因此徹底改變。

當然，平常我們並不是這麼面對困難和不適的。少數一些有福報的人，似乎能把每一件事視為冒險，無論它有多麼困難或痛苦，但大多數的我們並無法這麼看待生命。要是有人建議我們把苦難當作修行的大好時機，我們大概不會欣然接受。我們的ＤＮＡ驅使我們在不愉悅或可怕的事情發生時，找最近的逃生口。如果我們發現自己陷身在焚燒的大樓裡，我們會本能地衝向出口，就像許多人踏上修行之路，為的正是逃避痛苦。那是一個很好的動機，因為它驅策我們去尋找解答。問題是，大部分人窮盡一生嘗試一個又一個允諾解脫的途徑，卻從不曾花足夠的時間安住在痛苦中，以致無法從中學到任何東西。

但我們遲早都會遭遇到無法超脫的強烈情緒。它可能是非常令人不安的情境所帶來的恐懼，或是被牢牢鉤住、即將無法自持的感覺。有一個跡象可以顯示你已然展開屍陀林修行，不管你是否意識到，那就是：當你因為強烈的覺受而亢奮時，你並沒有試圖擺脫它們，反而帶著好奇心迎向它們。若你能夠將心打開，讓難以對治的情緒停留得久一點，以便學到一些東西，那麼你就已經具備修練這個法門所需的心態了。

我們從持守前兩個律儀的過程中了解和吸收到的，都是屍陀林修行的基礎。沒有那個基礎，要面對如此強烈的覺受，我們可能會招架不住。不傷害律儀讓我們學到在執著升起時覺察到它，以及止離無明的話語或行動。我們透過這個律儀開始修習專注於當下，並加強我們對無依無恃的包容度。第二律儀則讓我們更進一步，去全然覺察我們的感受，然後本著那樣的理解，與他人連結。我們開始深刻體認到我們與眾生是一樣的，不管是動物還是人，並對他們的困苦感同身受。當我們開始擺脫自己的無明和痛苦時，我們也渴望幫助別人擺脫他們的無明和痛苦。這是一個勇敢得多、不那麼安逸的生活方式，它讓我們直接探觸到我們無依無恃的處境。

❊生命風暴正是修練的素材

當我們開始與世界建立一種比較慈悲、誠實的關係時，我們可以再跨出一步，去克服我們對生命的醜陋面仍有的躊躇。修持第三律儀，我們不排斥在我們的覺醒曼陀羅中出現的任何事物。事實上，我們對於生命的不可掌控性還頗為贊同。我們就在這個環伺著胡狼和禿鷹的殊勝之地，安頓下來，開始修行。而修行的第一步，就是了解如果我們不面對、接受生命的嚴酷實相，我們就無法體驗到真正的幸福。

一個患有創傷後壓力症候群的軍人告訴我，這種大異其趣的面對痛苦的方法救了他一命。他親眼目睹一個親密戰友在他身邊被炸得支離破碎，這件事成了他揮之不去的夢魘，但他終於找到方法去面對這件事。一個精神治療師鼓勵他不要試圖擺脫那些恐怖的記憶以及它們引發的情緒，而是正視它們，進入自己的情緒，盡可能勇敢地去體驗它們。持續這麼做，每次只做一會兒，讓他終於能夠安住在他的脆弱、無助與內疚中。他老覺得他朋友的死是他的錯，覺得他本可防止這件事發生，覺得自己不該是存活的那一個，但慢慢地，他能夠看著這些覺受升起，增強，然後滅去，那排山倒海的內疚和無力感也跟著減輕了。三年來一直失眠的他，終於開始能夠一覺到天亮。

剛開始以勇士般的精神看待生命時，我很期待生活中出現些問題，好有一個富有挑戰性的課題讓我修習。但我很快就發現，儘管我如此希望看見自己的習氣升起，以便學習從中解脫，當事情真的發生時——當它就像狗的牙齒狠狠插入我的手臂時——我才知道那有多麼難。這讓我對於身為人類的我們所面對的挑戰，升起強烈的悲憫。當我們熱切地修練這個法門時，我們所面對的情緒和慣性模式，很可能會以它們勢如破竹的力量打擊我們，要做到不逃跑，我們得使出渾身解數才行。

有時候我覺得自己好像奧德賽，將自己綁在船桅上，以免追隨海妖的歌聲。那感覺就像有一塊巨大的磁鐵，試圖把我從當下拉開。我可能才剛坐下，準備觀照一個強烈的覺受，腦子裡就響起小小的聲音，說著「你最好檢查一下爐火是否關了」，或「也許這對你的心臟不好」之類的話。我們的舊習是可敬的對手，儘管我們寄望生命徹底陷落，好讓我們有機會修練屍陀林法，但當我們實際去做的時候，才會知道那是多麼嚴酷的試煉。我們需要強烈的動機才能堅持下去，因為逃避的欲望實在叫人難以抗拒。

從屍陀林法的觀點來看，生命中的風暴不是什麼可怕的事，它僅是我們修練的素材。然而，我們會出自本能地**覺得**它很可怕，所以一點都不喜歡它。光是留在原地，就需要勇氣以及溫柔、慈悲的紀律，我們之所以會繼續修練，是因為這個法門可以讓我們探觸到強大的情緒能量——一種具有極大的力量、可以讓我們覺醒的能量。它的強度可以促使我們跳出神經質的習性、跳出憂懼的繭，跳入聖境。

談覺醒屍陀林時，我指的並不是什麼傳統的修練法門，而是這個法門的精義。

對我來說，這精義可以吉噶．康楚的一句開示概括之：

直接、無我地感受你的情緒，讓它們的力量開啟你。

多年來，我把這句話當作修練這個法門的一個基本指示，我深入了解那些字的意思，用它們來幫助我探觸我不想要的覺受，幫助我超越我的狹隘、自滿和虛妄的我執，幫助我更深入地體驗人生的無依無恃。

❁不予評論，不加詮釋，只單純體驗

一般來說，不舒服的情緒不會開啟我們，它們只會使我們封閉起來，讓我們變得更加恐懼，腦子胡思亂想，編造繁複的劇情，設想如何擺脫那些擾人、討厭的覺受。我們主要的策略，通常是將我們的覺受歸咎於他人。因為我們太習以為常地把自己的覺受投射到外在，所以吉噶・康楚指示我們斷除我們的習性反應，**直接**去體驗自己的情緒。**直接**，意指沒有評論、沒有詮釋、不在腦子裡談論發生的事。它意指不把情緒當成敵人，反而與它們結盟、擁抱它們、成為它們親密的朋友。念頭升起時，吉噶・康楚要我們把它們放下，中斷它們的衝力，然後再次進入，去體驗那能量的純粹性。直接體驗情緒的純粹性，就像不小心把手放在熱爐上，感覺到的疼痛只是純粹的知覺，沒有任何添加的意義。

碰觸熱爐時，你一感覺到痛，就會立刻把手抽回來，你不會讓手繼續擱在熱爐上，好去探索那疼痛的感覺。修持屍陀林法亦然，剛開始的時候，我們只與強烈的情緒同在一會兒。我們的做法是：**短暫片刻，不斷重複**。與其試圖長時間暴露在強烈的覺受下，我們只體驗它一兩秒鐘就停下來，和緩地呼吸，然後再去探觸它。我們也可以乾脆與困擾我們的覺受共處五、六分鐘，然後就去忙別的事，這時的你因為對情緒比較了了分明了，所以較不容易受其左右。

修練屍陀林法就像長期服用苦口的藥，每次只啜飲一小口，而不是一次就灌下整瓶藥。漸漸地，一啜一啜、一點一點地，我們就可以做到無論身心發生什麼事，我們都能安住在其中，從而培養出不同的態度，去觀照我們的覺受、面對不適感，擁抱生命的無依無恃。那位患創傷後壓力症候群的軍人告訴我，這種小口小口的練習方式，是讓他能夠安住在當下的要訣。

無論你在哪裡，無論當下發生什麼事，我所描述的屍陀林法通常是隨時隨地可修練的法門。**讓它們的力量開啟你**，創巴的開示如是說。讓情緒的力量開啟你，在你的主場中央坐下來，升起你的信心——你向自己的覺受開放的能力，是你與生俱來的。一如三步驟法，你全然進入當下，觀照身體上的覺受、心理上的覺受，你會感覺到自己完全來到當下，然後將溫暖送到你的內在——你的覺受、你的心理狀態——也將溫暖送到外在情境裡。你懷著好奇心和慈悲心體驗你當下的所有覺受，不置之度外，不對發生的事懷有偏見，不去激化或誇大當下的情境，只是盡可能全然、由衷地向它開放。

不過，究竟怎麼做才能全然開放呢？常有人問我這個問題。**開放**對不同的人來說，有不同的意義，所以每個人都需要找到自己的方法。體驗開放的感覺有一個途徑，就是把注意力放在你的感官知覺上。暫停，然後傾聽，花幾分鐘時間用心傾聽近處的聲音，花幾分鐘用心傾聽遠處的聲音。只是聽，不要向自己描述你的體驗，也不要試圖理解你聽見的聲音。你也可以出去散個步，讓聽覺成為你的主要知覺，練習傾聽。

同樣的練習也可以透過味覺來進行。閉上你的眼睛，讓某個人把一樣吃的東西放進你的嘴巴，但不告訴你是什麼。看看你能否體驗那原初的、沒有先入之見的味道。只要一會兒，看看你能否如實體驗那純粹、原始的味道，不添加任何意義。

你可以透過任何感官知覺來做這個練習。閉上眼睛，讓某個人帶你走一小段路，直接來到一個物件前面。睜開眼睛，注視那個物件，就好像是你第一次看到這樣東西，或是最後一次。如果你知道幾分鐘之後你即將死亡，你自然就會非常開放地體驗這幾分鐘裡發生的每一件事——景象、聲音、你人生最後一刻的感受。

吉噶・康楚的開示也告訴我們，要「無我」地看待自己的覺受。無我地體驗自己的覺受又是什麼意思呢？它指的是純粹地體驗它們，不將它們實體化、具體化，不執著於它們，不把它們當作**我的**覺受，不將我們的詮釋投射在它們上面。這代表沒有主觀意識地體驗它們。「直接」是我們可以訓練的，但「無我」是需要時間慢慢體悟，急不來的。對我而言，無我地體驗情緒是自然而然發生的，只要我們心無旁鶩地觀照它們，不對這些覺受做任何編造即可。情緒於是成了通往無我的門徑——它讓我們體悟到「我」的無常和無法捉摸，讓我們體悟到一個不變、可靠的「我」很可能是不存在的。

我們會逐漸體悟到無我的境界，但先決條件是安住在當下。如果能夠沒有任何妄念地安住在一種情緒中，我們很快就會發現它是多麼虛幻、多麼短暫。感覺起來如此具有威脅性、如此真實、如此揮之不去的情緒，便開始消融了。看著覺受升起，停留，然後滅去，可以讓我們立即體悟到無常。我們感受到一種情緒，它威脅著要掌控我們，但如果我們對它保持開放，直視著它，它就會全部消失，要不然就轉變成另一種情緒。恐懼可能變成悲傷，憤怒可能變成絕望，歡愉可能變成脆弱。

當情緒開始滅去時，我們永遠不知道它們會變成什麼。

❁察覺，但不沉浸、陷溺

安住於無常與變化中，我們會變得比較自信、比較無懼、比較能接受人生的無依無恃，對無我的體認也會越來越深刻。如果我們有足夠的勇氣去直接、無我地體驗情緒，它們就會失去誘惑力。佛教上師蒂帕嬤（Dipa Ma）曾針對無我地看待情緒，給了這樣的開示：「快樂的時候，不要沉浸在快樂裡。悲傷的時候，不要沉浸在悲傷裡。」她接著說：「只要察覺它們。」

當你不再那麼不可自拔地陷在你的情緒裡時，你就能直接體驗到它們的力量。它們的強度、它們的動能，不再讓你感到驚恐，反倒促使你覺醒。如果你試圖超脫生命的嚴酷，你不會有這樣的體悟，唯有安住在屍陀林，相信這是你歸屬的地方，你才能有這樣的體悟。這是你的主場，是你覺醒的地方，修練屍陀林法，你必須義無反顧，在過程中，你會對覺醒培養出越來越強烈的渴望。

屍陀林法的基本形式，你並不陌生。大體來說，它與三步驟法無異，差別在於屍陀林法所修練的課題，也就是你要接受的事物，具有更大的挑戰和衝擊。當你發覺你迫切地想要擺脫你的覺受時，或許就是你該做做這個練習的時候了。

首先，全然進入當下。然後，不管站著或坐著，歡喜、無懼、自信地安住在你生命中出現的風暴與痛苦中。

感覺你的心，意識到這個令人不悅的地方是可以面對的，意識到清醒的神志存在於此。容許自己變得柔軟、敏感、更開放、更想追根究底。

然後一躍，進入下一刻，「突然從執著中解脫，」如丘揚．創巴所說。懷著慈悲和開放的心前行。

當你修練屍陀林法時，即使只是幾秒鐘，你的內心就會開始產生變化。轉身面對生命的嚴酷，並欣然接受它，不僅能讓你直接體驗無常、死亡和無我，也能讓你了悟人生的無依無恃，以及生命的實相。

我認識一些每天修持屍陀林法的監獄囚犯。在那個環境裡，對死亡的恐懼是非常真實的。有一個囚犯告訴我，他有將近一年的時間不敢到放封區去，因為有獄友想殺他。但後來他決定面對自己的恐懼，所以在牢房裡不斷練習與它共處。之後，他覺得彷彿卸下一個重擔，現在他可以對別人和自己的任何狀態保持開放。他可以走到活動場地去，坐在另一個人的旁邊，說：「你好嗎？」那些人會告訴他，他們過得有多糟。他開始覺得跟許多獄友的處境比起來，自己宛如活在樂園一般。「我們反正都要死，」他告訴我，「所以，與其因為害怕失去性命而待在牢房裡，我寧願去用心體會我的生命，並盡我所能地幫助別人。」

唯有全然、直接地探觸我們內在的實相，我們才能像擁抱生命的甜美般地擁抱生命的嚴酷、崎嶇，和它無依無恃的本質。不過當外在環境像今日世界一樣不穩定，充斥經濟危機、政治動盪、失業、無家可歸、升高的衝突和混亂時，我們很難做到這一點。所以我們該如何在這個動盪不安的處境中保持慈悲、良善呢？我們採取一種不同的態度迎向它。每天都是一個在屍陀林修行的機會。

不管是因為有人占用了我們的停車位而生氣，還是被疾病、債務或過去的噩夢壓得喘不過氣來，都是一個覺醒的機會。今日生活的嚴酷所引發的高度焦慮和內心的不安，營造出修練屍陀林法的最佳環境。我們可以在一天中練習多次，每次只練習片刻，自信地站在生命的中央，將之當作我們的道場。此時、此地，我們即可進入聖境。

找到一種可以幫助我們直接面對無依無恃、無常與死亡的法門，體悟到我們的意念、情緒、車子、鞋子、房子的粉刷都是短暫的，對所有人來說都至關重要。看著季節更替，看著白晝變成黑夜，看著孩子長大，看著沙堡消蝕回到大海，我們會自然而然、心平氣和、甚至歡喜地適應生命瞬息萬變的本質。但如果我們不能覓得一種方法，與生命無依無恃的狀態及變化不息的能量為友，我們會因為想在一個變動的世界裡求得穩定，而永無止境地痛苦掙扎。老化與死亡毫無疑問會成為可怕的衝擊，大部分人都害怕死亡，老化也確實有它的不利之處：聽力衰退、背痛、健忘。在年輕人的眼裡，你已經人老色衰、毫無用處、走下坡了，當然他們也可能根本不會注意到你，於是你自慚形穢。

把屍陀林當作修行的道場，我們就會發現死亡不是敵人，老化也不見得那麼可怕。我發現老化有許多優點，例如，放下變得容易多了：知道一切都消逝得如此之快，讓我萬分珍惜生命中發生的每一件事。我知道每次我嚐到的味道，每次我聞到的氣味，每次的相遇，每次的別離，都可能是我的最後一次，每一天也可能是我的最後一天。當我看見有人彎著腰，拄著助行架曳步而行時，我知道未來我可能要面對的是什麼。我開始對那些老人產生親密的認同感，以致對老化不再感到畏懼，取而代之的是無窮的慈悲。

在越來越接近死亡的同時，我有吉噶・康楚的這首祝禱文，激勵著我不斷修持屍陀林法：

當此生的表相消融時，
願我懷著自在和莫大的歡喜，
放下我對此生的所有執著，
一如返家的兒子或女兒。

第三律儀讓我們直接面對現實。它讓我們能夠安住於無常、死亡，甚至生命中最令人感到驚恐和不堪的時刻。我們不再尋找當下以外的事物，不再尋求一個理想的世界。在屍陀林中，在我們的生命曼陀羅裡，我們終於能夠觀照人生的無依無恃、無常、老化、疾病、死亡，安然地接受生命的有限性：「人生本來如此。我的舊襯衫不可能長存，我也一樣。」

結語

在歷史的這一刻，我們不能把任何事，特別是我們自己，當成個人的事。因為一旦我們這麼做，我們的心靈成長和旅程就會停頓。獨行俠的時代已經過去。

——霍比長老二〇〇〇年的預言

11. 世界需要我們

在我看不到任何希望的人生谷底，我開始在白天看見貓頭鷹。萬念俱灰的我經常一抬頭就看見一隻貓頭鷹棲息在柴堆上、樹上或懸崖頂上，牠還會對我眨眼。牠總是能讓我嘲笑自己，然後帶著全然不同的觀點向前走。

當生命出現困頓的時候，發願保持清醒，也具有這種暮鼓晨鐘的警悟作用。在你修持三律儀當中的任何一個時，這麼做可以在你最需要的時候——當你瀕臨崩潰的時候——給你一個全新的觀點。

所以我留給你一個問題：你願意發心了嗎？現在是你發願不傷害、利他、如實擁抱世界的好時機嗎？你是否願意發心持守任何一個律儀，或所有三個律儀，終身、一年、一個月，甚至一天也好？如果你願意，那麼就從當下開始，對自己、朋友、啟蒙師或心靈導師說出你的誓願，同時明白如果你背離了自己的誓願，你只要承認，然後重新開始就可以了。

在這個願不願意持守這些律儀的問題裡，隱含著一個更深的問題：你是否願意展開這個旅程，去擁抱人生的無依無恃？你是否願意愛上那變化不息、無常的生命實相？我在這本書中陳述的三律儀，可以幫助我們不再對無依無恃感到恐懼，幫助我們去貼近那無依無恃的狀態，與人生暗昧不明的本質為友。

生命不須只有一種樣貌

幾天前，我早上醒來，擔憂著一個好朋友的狀況，內心隱隱作痛。下了床，向窗外望去，映入眼簾的是如此美麗的景致，我的思慮頓時停了下來。我站在那裡，懷著對朋友的傷痛，欣賞著被初雪覆蓋的樹木、紫藍色的天空、瀰漫著薄霧的山谷，一個宛若淨土的世界。就在這時，一群黃色的鳥降落在圍籬上，看著我，更是讓我驚豔不已。

我那時領悟到，心中懷著痛苦，卻又同時為世界的力量和神奇深深觸動，是一種什麼樣的境界。生命不須只有一種樣貌，我們不必心隨境轉，無論遭遇到什麼，不管是心碎與喜悅、成功與失敗、無常與變化，我們都能美麗地活著。

無依無恃，不確定，沒有安全感，脆弱——這些字眼通常都含有負面的意涵。對於這些覺受，我們往往懷著小心防範的態度，並盡可能地避開它們。但無依無恃並不是我們需要迴避的覺受。對那些讓我們感到十分困擾的覺受保持開放，我們會有一種如釋重負、掙脫一切束縛的自在感。我們的心會因為沒有偏見、輕安自在，而感到寬廣與歡喜。

寂天對這種體驗的描述是：

當真實與虛幻
皆自你心中消失，

心便無事可做，
唯有安住在全然的寧靜中，
沒有了編造。

但這樣的轉變是如何發生的呢？我們如此討厭的覺受怎會變成如此舒心的覺受？覺受本身並沒有改變，我們只是不再抗拒它，不再逃避那無法避免的事。我們不再力圖對抗生命那充滿動能、變化不息的本質，反而悠然自得地享受它。

丘揚・創巴對無聊——無所事事的感覺——所做的一次開示中，說明了覺受的多面向。焦躁的無聊感，他說，是一種不安、不耐煩的感覺，一種「我不想待在這裡」的感覺。但無所事事也可以是一種從容的無聊感，那是一種不需娛樂也能全然安住於當下的無憂無慮、寬廣的感覺——輕鬆自在地無所事事。

同樣的，無所依恃的感覺也可以從焦躁、不安、討厭，轉變成從容的感覺。前者是我們想逃避的，後者則能激勵我們，同時讓我們完全放鬆，我稱它為正面的無依無恃感。

面對生命根本的不確定性所帶來的壓力時，我們自然會想擺脫那種不安、緊張、背部或頸部僵硬的感覺。我們無須因為體驗不到無依無恃的正面覺受而責怪自己。事實上，當我們在戒斷保障時，尋求某種程度的保障來支持你，並不失為一個良策。但你究竟需要多少的保障呢？只有你自己知道。無論你尋求的保障是什麼，不管是我在這裡呈現的法門、一群同樣走在這條道路上的朋友、一位你尊敬的老師，你都只能將之當作暫時的支柱，因為你的誓願是去體悟那無依無恃的究竟實相，而且你相信那樣的體悟會帶來解脫，而非惶恐。

一如禪宗的開示，渡河時你需要一艘木筏，但一旦到了彼岸，你就會把木筏拋下，不會一路拖著它走。

然而在我們的故事中，不同的是，那艘木筏連河流中央都到不了。當我們持守第一律儀時，它可以安全地載著我們漂行在河上，但到了第二律儀，它開始崩裂，到第三律儀時，它就完全解體了。不過到了那個時候，無所依恃已經完全不是個問題了。

丘揚．創巴過去經常帶領為期三個月的閉關修行，有一年我擔任禪修部的事務長，負責禪堂的運作，確保一切順暢地如計畫進行。開始的時候，我會很滿意地看著事事進行得井然有序，但不久丘揚．創巴就會讓我們完全亂了陣腳。如果下午例行的講課訂在三點半，第一天他會在三點抵達，第二天他會在四點抵達，到了第三天，他會讓我們一直等到五點。而到第四次講課時，我們得等到晚上十點他才來。可真讓我們領教到什麼叫做無依無恃了！禪修部不知如何訂定課程表，廚師不知何時提供餐點。過了一段日子，我們幾乎連晝夜都分不清了。

這個狀況，最後反倒成了擁抱人生本來的暗昧不明和無依無恃的最佳教材。當我們精心訂定的計畫被打亂了，當我們的時間表形同廢紙，當有人不在他說他會出現的時候出現，卻又在我們根本沒料到他會出現的時候出現，我們可以咒罵咆哮，但終究我們只能投降，向生命低頭，對於什麼——或誰——會出現在我們的曼陀羅的這些無限可能性，保持開放的心。

❀看見生命的無限可能及人類的潛能

三律儀是幫助我們踏入無依無恃之境的強大支柱，它們引領我們，告訴我們該做什麼、不該做什麼。它們無法告訴我們的，是在這條路上行進的實際**感受**——對無依無恃從抗拒轉為擁抱，是什麼樣的感覺。我為這個難以形容的轉化，想到一個貼切的比喻：就像一個人眼睛裡濃濁的白內障被移除的感覺。在我接受這個手術的一星期後，我四下張望，眼中全新、清晰的世界令我屏息，每樣東西都讓我的視覺驚豔，我會用**生動**、**鮮明**等字眼來描述顏色，用天空**變大了**、**一望無際**等措辭來描述景觀，但所有我能想到的這些或其他言語，都無法恰當地表達這五彩繽紛、多面向的全景帶給我的廣袤感。直到那時，我才發現過去自己的視界有多麼狹隘。

這個經驗讓我想起西藏一個叫做「井底之蛙」的古老故事。有一隻一輩子都住在一口井裡的青蛙接待了一隻住在海邊的青蛙。當井蛙問海有多大時，牠的訪客說：「非常龐大。」「你是說大概有我這口井的四分之一大？」井蛙問。「大多了，」對方回答。「你是說它跟我的井一樣大？」井蛙不能置信地問。「大多了，根本沒法比，」海蛙說。「不可能，我不信，」井蛙說。於是牠們相偕前往海邊。當井蛙看見海的浩瀚，牠驚愕得無法理解，當場暴斃。

三律儀的旅程不會是造成你死亡的原因，但幾乎可以確定的是，它會讓你說不出話來。任何言語，不管是我們自己的，或任何其他人的，都無法恰當地描述它。你必須親身體驗，必須自己踏上這個旅程，才會了解。

修持三律儀，我們會發現人的潛能。依次修持這些律儀，將從中修習到的融會貫通，就像從一個學步的小孩，從熱切、充滿活力但對未來還懵懂無知，長成為一個全然成熟、完整的人，活在一個顯然不真實但始終存在的世界。

霍比長老二〇〇〇年的預言說：若要不被這個動盪的時代撕裂，我們必須捨離河岸，安住在河流中央，以面對生命永不止息的流變。但他們並沒說我們必須獨自這麼做。「看有誰跟你在一起，然後慶賀，」他們說，「獨行俠的時代已經過去。」

這些年來，我開始了解，即便我想要當一個獨行俠，也辦不到。我們都在同一條船上，彼此緊密相連，所以我們不可能獨自覺醒。我們需要幫助彼此捨離河岸，安住在河流的中央，沒有救生衣、沒有內胎、不再試圖抓住任何東西。三律儀讓我們展開一個令人歡欣鼓舞的重生之旅，在這個旅程上我們學著認識彼此、認識我們向善的無限潛能。

勇士的呼籲是：「世界需要我們！」我們踏上這個旅程是為了我們自己、我們所愛的人、我們的敵人，以及其他每一個人。既然我們大家同住在一個星球上，再不終止那些將它推向滅亡的行為，豈不太愚蠢了。

但願我們大家都了解這個旅程的終點不是痛苦，也不是喜樂。我們可以同時懷抱這兩種覺受——應該說，懷抱一切覺受——並記著：在這個虛幻、無法預測、動盪、令人焦躁、興奮、憂心的時代裡，一切都是通往聖境、覺醒的門徑。

致謝詞

我要向我的幾位主要上師，丘揚・創巴仁波切、吉噶・康楚仁波切、薩雍・米龐仁波切，致上我真摯的感激，謝謝他們的諄諄教誨。

我還要向我盡忠職守的祕書葛蘭娜・歐姆斯泰德（Glenna Olmsted），以及葛萊格・莫洛尼（Greg Moloney），致上我深深的謝意，感謝他們在這本書稿的打字工作上給予我的協助，以及他們長久以來的體恤與支持。

同時我也要由衷感謝我的編輯瓊・奧利佛（Joan Oliver），是她將這些演講稿純熟地改寫成這本書。能與瓊合作著實是我的榮幸。

最後我還要感謝戴夫・歐尼爾（Dave O'Neal），我的香巴拉出版社編輯，謝謝他的協助與鼓勵。

〔附錄一〕佩瑪．丘卓的書籍著作與錄音光碟

❁書籍

國內已出版：

● 《當生命陷落時：與逆境共處的智慧》（*When Things Fall Apart: Heart Advice for Difficult Times*，心靈工坊出版，2001）

本書根據傳統佛教的智慧，提供了中肯、慈悲的建議，讓我們知道如何面對痛苦和艱困的時刻。面對苦難只有一種方法可以讓我們得到長久的效益，佩瑪告訴我們，那就是以一種友善和好奇的心態迎向痛苦的情境。這本書也告訴我們如何利

用痛苦的情緒來培養智慧、慈悲和勇氣；如何溝通才能與別人建立開放和真正的親密關係；如何逆轉負面的慣性模式。

- **《轉逆境為喜悅：與恐懼共處的智慧》**（*The Places That Scare You: A Guide to Fearlessness in Difficult Times*，心靈工坊出版，2001）

我們是有選擇的，佩瑪・丘卓告訴我們：我們可以隨著我們的生活境遇變得冷酷無情，越來越憤恨不平、害怕，但我們也可以讓境遇柔軟我們的心，變得越來越慈悲。在困境中，我們隨時可以增長智慧，但源自恐懼的習性模式往往阻礙了我們。在恐懼的後面藏著一個寬容和柔軟的境界。這本書教導我們如何喚醒我們的本初善，與他人連結，接受自己和別人的一切，包括過錯與瑕疵。

- **《與無常共處：108篇生活的智慧》**（*Comfortable with Uncertainty: 108 Teachings on Cultivating Fearlessness and Compassion*，心靈工坊出版，2003）

本書集結了各自獨立的短文，以幫助我們在日常生活的挑戰中培養慈悲與覺察。它不只是每日一讀的思語錄，還提供了一個漸進的靈修課程，帶領讀者認識佛陀之道的根本概念、要旨和修練法門。

- **《不逃避的智慧》（*The Wisdom of No Escape: And the Path of Loving-Kindness*，心靈工坊出版，2005）**

本書要我們接受生命中的所有示現，擁抱人生的各種經歷，歡樂的、痛苦的、璀燦的、困惑的。生命是因為具有這些不同面向，所以能夠發揮強大的影響力。佩瑪·丘卓讓我們明白對人生的起起伏伏採取「不逃避」的態度是何等重要。

- **《生命不再等待》（*No Time to Lose: A Timely Guide to the Way of the Bodhisattva*，心靈工坊出版，2008）**

在本書中，佩瑪·丘卓陳述了她個人在生活中依循的傳統佛教教義：八世紀的聖哲寂天所著的《入菩薩行》（*Bodhicharyavatara*）教義。這部珍貴的佛教經典如此切中我們的時代，它告訴我們如何培養勇氣、關懷、喜樂——這些都是療癒我們自己和這個亂世的要訣。

● 《無怨悔的世界：學習心靈安住的智慧》（*Start Where You Are: A Guide to Compassionate Living*，台灣明名文化出版，2009）

這是在日常生活中培養無懼心和喚醒慈悲心的一本必備手冊。佩瑪．丘卓以傳統藏傳佛教的五十九口訣為架構，例如：「總是單純地懷著歡喜心來看待事物」和「任何讓你瞋恨的事物都是你觀照的目標」，來闡述她對慈悲的開示。

● 《不被情緒綁架：擺脫你的慣性與恐懼》（*Taking the Leap: Freeing Ourselves from Old Habits and Fears*，心靈工坊出版，2012）

佩瑪．丘卓在本書中告訴我們如何擺脫生活中的毀滅性模式，以體驗一種嶄新的自由與幸福感。她引用佛教對執著的概念，來幫助我們認清某些慣常的思考模式如何引誘我們「上鉤」，讓我們陷入瞋怒、怨怪、自我仇恨、上癮的狀態。好消息是，一旦我們開始看見這些模式，我們就能開始改善我們的生活。

國內未出版：

● *Always Maintain a Joyful Mind: And Other Lojong Teachings on Awakening Compassion and Fearlessness*

在本書中，佩瑪．丘卓介紹了五十九項要訣的心法（藏文叫lojong），並指引我們如何在日常生活中修習它們。書中也特別談到一個四十五分鐘的錄音課程，叫「打開心門」，深入說明施受禪修法，任何想喚醒自己和他人的人都可以修習這個法門。

● *Awakening Loving-Kindness*

本書是《不逃避的智慧》的精簡版。它是一本口袋書，可以放在皮包、手提箱、外套口袋裡。這本方便隨身攜帶的書可以激勵你全心全意地保持清醒，將日常生活中豐富的素材當作你首要的老師和引導者。

● *The Pocket Pema Chödrön*

這是自眾人愛戴的佛教比丘尼佩瑪・丘卓最暢銷的著作中擷取一〇八篇短文彙集而成，一本隨時可以激勵你的書。它教導我們如何變得無懼，擺脫毀滅性的模式，在尋常的逆境中培養耐心、善心和歡喜心，以及釋放我們本具的熱情、智能與良善。

● *Practicing Peace in Times of War*

「戰爭與和平始於一個人的內心。」佩瑪・丘卓表示。她說我們每一個人因應平日挑戰的方式，對我們的社會具有顯著的影響力，它可以使我們的暴力文化永不歇止地延續下去，也可以創造一種充滿慈悲的新文化。在本書中，佩瑪．丘卓強調當我們大家一個一個地，開始在自己的行為上，在我們自己慣常的意念和行動上，修練和平的精神，我們的世界就會開始改變。她告訴我們，向內探求，去發掘一種新的生活方式，永不嫌晚。

錄音光碟

Be Grateful to Everyone: An In-Depth Guide to the Practice of Logong

讓禪修不只是坐在蒲團上的練習，將之帶入每日生活的最佳方法之一，就是修練心法。幾世紀以來，西藏人便運用這五十九則很有效力的心法口訣，將生活中的尋常境遇轉化為覺醒的契機。在這七張光碟的課程中，佩瑪．丘卓就心法做出明確的開示。她概述了這個法門，繼之對這些口訣提供了發人深省的論述，並特別說明如何隨時隨地將它們應用在日常生活中。

● *Don't Bite the Hook: Finding Freedom from Anger, Resentment, and Other Destructive Emotions*

在這個週末閉關課程的錄音紀實中，佩瑪引用了佛法的開示來告訴我們，如何積極看待生命中不可避免的驚恐、失落、挫敗，以找到真正的快樂。她說，關鍵是不落入習性反應的「陷阱」。

● *The Fearless Heart: The Practice of Living with Courage and Compassion*

在這張光碟中，佩瑪告訴我們如何將負面情緒，如恐懼和內疚，轉化為勇敢的自我接納。她的開示根據的是藏傳佛教最偉大的女性上師之一Machig Lapdronma的五句箴言。在這五張光碟裡，佩瑪對於如何在面對痛苦時保持無懼，以及如何透過無懼培養寬大與熱情的心，提出充滿洞見的指引。這套錄音課程也包含了一個廣泛的問答單元，以及她首度發表的引導式禪修法。

● *Fully Alive: A Retreat with Pema Chödrön on Living Beautifully with Uncertainty and Change*

在這個周末閉關課程的錄音紀實中，佩瑪·丘卓和她的助教美格·惠特利（Meg Wheatley）要我們不再依附生命河岸的保障，直接踏入河流的中央：全然、無懼地安住在當下，即便是在最困頓、最艱難的處境下。這就是全然活著的秘訣。

● *Perfect Just as You Are: Buddhist Practices on the Four Limitless Ones—Loving-Kindness, Compassion, Joy, and Equanimmity*

這是佩瑪·丘卓對佛教所稱的「四無量」法門所作的明確開示。這個法門可幫助我們覺察和培養本已存於我們心中的慈、悲、喜、捨。這套深入探究的課程提供了引導式禪修、日常生活中隨時可運用的法門、引導式奢摩他（Shamatha）禪修、寫作與反省練習、削弱被負面情緒主宰的方法，以及問答單元。

● *Practicing Peace in Times of War: Four Talks*

這是佩瑪・丘卓根據她的公開演說所寫的書，我們很榮幸能在此提供這本書的語音版。這是一件簡潔有力、短而深入的作品，其中還包括在生命的挫敗與挑戰中培養和平與慈悲的實用策略。

● *Smile at Fear: A Retreat with Pema Chödrön on Disccovering Your Radiant Self-Confidence*

在我們所有的恐懼背後，藏著我們對自己的根本恐懼。佩瑪・丘卓在這個閉關課程的錄音紀實中，分享了她自她的上師丘揚・創巴所寫的《以微笑面對恐懼》（*Smile at Fear*）一書中得到的啟示。它為我們提供了一個願景：跨越這個最根本的自我恐懼，去發掘本已存在於我們的生命核心的勇氣、信任和喜樂。

● *Start Where You Are: A Guide to Compassionate Living*

佩瑪・丘卓以她的洞見與幽默，指引我們如何接受自己的缺點，熱情擁抱自己，因為這是發展慈悲心的先決條件。透過藏傳佛教的五十九口訣，佩瑪告訴我們如何培養面對內在痛苦的勇氣，藉之覓得一個自由、幸福、自信的富足人生。

● *This Moment Is the Perfect Teacher: Ten Buddhist Teachings on Cultivating Inner Strength and Compassion*

心法是藏傳佛教的一個效力強大的法門，這是以修練我們的心去面對日常生活中的挑戰為宗旨，而創立的法門。它要我們保持一顆柔軟的心、重新調整我們面對困難的態度，以發掘內在力量的源泉。在這個閉關課程的錄音中，佩瑪・丘卓除了介紹心法，還告訴我們如何將之應用在生活中的各種情境——因為，佩瑪說，

「每一刻都是覺醒的契機。」

When Things Fall Apart: Heart Advice for Difficult Times

這本根據佩瑪．丘卓深受大眾喜愛的傑作刪節而成的有聲書，提供了中肯、慈悲的建議，告訴我們當生命變得痛苦、艱困的時候該怎麼面對。這部由佩瑪親自朗讀的有聲書，還告訴我們如何利用痛苦的情緒來培養智慧、慈悲和勇氣；如何溝通才能與別人建立開放和真正的親密關係；如何逆轉負面的慣性模式。

The Wisdom of No Escape: And the Path of Loving-Kindness

人們常說，我們必須先愛自己才能愛別人，我們必須接受痛苦才能體驗真正的喜樂。此話一點不假。要領悟這些大家都知道的道理，關鍵就在於對生命保持開放的態度，無論在何種情境下。佩瑪．丘卓在這裡告所我們如何辦到。

〔附錄二〕中文延伸閱讀

- 《諦聽與愛語：一行禪師談正念溝通的藝術》（2014），一行禪師，商周。
- 《用正念擁抱恐懼》（2013），一行禪師，商周。
- 《不是為了快樂：前行修持指引》（2012），宗薩・蔣揚・欽哲仁波切（Dzongsar Jamyang Khyentse Rinpoche），橡實文化。
- 《正念的奇蹟：每日禪修手冊》（2012），一行禪師，橡樹林。
- 《減壓，從一粒葡萄乾開始》（2012），鮑伯・史鐸（Bob Stahl）、依立夏・高斯坦（Elisha Goldstein），心靈工坊。
- 《禪修的療癒力量：達賴喇嘛與西方科學大師的對話》（2012），喬・卡巴金（Jon Kabat-Zinn）、理察・戴衛森（Richard J. Davidson）、薩拉・豪斯曼（Zara

Houshmand），晨星。

- 《心的自由：達賴喇嘛 vs. 艾克曼談情緒與慈悲》（2011），達賴喇嘛、保羅・艾克曼（Paul Ekman），心靈工坊。
- 《開心：達賴喇嘛的快樂學》（2011），達賴喇嘛，天下雜誌。
- 《像佛陀一樣快樂：愛和智慧的大腦奧祕》（2011），瑞克・韓森（Rick Hanson）、理查・曼度斯（Richard Mendius），心靈工坊。
- 《心如野馬：轉化煩惱的修心七要》（2009），丘揚・創巴仁波切，台灣明名文化。
- 《當下，繁花盛開》（2008），喬・卡巴金（Jon Kabat-Zinn, Ph.D.），心靈工坊。
- 《當囚徒遇見佛陀》（2006），圖丹・卻准（Ven. Thubten Chodron），心靈工坊。
- 《入菩薩行論廣解》（2005），寂天菩薩，大千。
- 《隨在你：放心的智慧》（2005），吉噶・康楚仁波切（Dzigar Kongtrul Rinpoche），心靈工坊。

● 《大圓滿》（2003），達賴喇嘛，心靈工坊。

● 《快樂：達賴喇嘛的人生智慧》（2003），達賴喇嘛、霍華德・卡特勒（Howard C. Cutler），時報。

〔附錄三〕英文延伸閱讀

Brach, Tara. *Radical Acceptance: Embracing Your Life with the Heart of a Buddha*. New York: Bantam Books, 2003.

Chödrön, Pema. *No Time to Lose: A Timely Guide to the Way of the Bodhisattva*. Boston: Shambhala Publications, 2005.

Kongtrül, Dzigar. *It's Up to You: The Practice of Self-Reflection on the Buddhist Path*. Boston: Shambhala Publications, 2005.

_____. *Light Comes Through: Buddhist Teachings on Awakening in Our Natural Intelligence*. Boston: Shambhala Publications, 2008.

Masters, Jarvis Jay. *Finding Freedom: Writings from Death Row*. Junction City, Calif.: Padma Publishing, 1997.

Mattis-Namgyal, Elizabeth. *The Power of an Open Question: The Buddha's Path to Freedom*. Boston: Shambhala Publications, 2010.

Panchen, Ngari, and Pema Wangyi Gyalpo. *Perfect Conduct: Ascertaining the Three Vows*. Translated by Khenpo Gyurme Samdrup and Sangye Khandro. Commentary by His Holiness Dudjom Rinpoche. Boston: Wisdom Publications, 1996.

Patrul Rinpoche. *The Words of My Perfect Teacher*. Translated by the Padmakara Translation Group. Forewords by the Dalai Lama and Dilgo Khyentse Rinpoche. Boston: Shambhala Publications, 1994, 1998.

Saltman, Bethany. "Moral Combat," interview with Chris Hedges. *The Sun,* no. 396 (December 2008). Accessed at www.thcsunmagazine.org/issues/396/moral_combat?print=all.

Shantideva. *The Way of the Bodhisattva.* Translated by the Padmakara Translation Group. Boston: Shambhala Publications, 1997.

Thubten, Anam. *No Self, No Problem.* Edited by Sharon Roe. Ithaca, N.Y.: Snow Lion Publications, 2009.

Trungpa, Chögyam. *Shambhala: The Sacred Path of the Warrior.* Boston: Shambhala Publications, 1984, 1988.

_____. *Smile at Fear: Awakening the True Heart of Bravery.* Edited by Carolyn Rose Gimian. Foreword by Pema Chödrön. Boston: Shambhala Publications, 2010.

Wheatley, Margaret J. *Perseverance.* San Francisco: Berrett-Koehler Publishers, 2010.

心靈工坊 PsyGarden
Holistic 091

生命如此美麗：在逆境中安頓身心

Living Beautifully: with Uncertainty and Change

作者—佩瑪・丘卓（Pema Chödrön）
譯者—傅馨芳

出版者—心靈工坊文化事業股份有限公司
發行人—王浩威　總編輯—王桂花
執行編輯—趙士尊　特約編輯—鄭秀娟
內頁排版—李宜芝　封面設計—薛妤涵
通訊地址—10684台北市大安區信義路四段53巷8號2樓
郵政劃撥—19546215　戶名—心靈工坊文化事業股份有限公司
電話—02）2702-9186　傳真—02）2702-9286
Email—service@psygarden.com.tw　網址—www.psygarden.com.tw

製版・印刷—漾格科技股份有限公司
總經銷—大和書報圖書股份有限公司
電話—02）8990-2588　傳真—02）2990-1658
通訊地址—248新北市新莊區五工五路二號
初版一刷—2014年7月　ISBN—978-986-357-007-3　定價—280元

國家圖書館出版品預行編目資料

生命如此美麗：在逆境中安頓身心 / 佩瑪・丘卓（Pema chödrö）/ 作；傅馨芳譯 -- 初版.
-- 臺北市：心靈工坊文化, 2014.07　面；公分 (Holistic 091)
譯自：Living Beautifully: with Uncertainty and Change

ISBN 978-986-357-007-3 (平裝)

1.佛教修持　2.傳戒

225.71　103011878

心靈工坊 PsyGarden 書香家族 讀友卡

感謝您購買心靈工坊的叢書，爲了加強對您的服務，請您詳填本卡，
直接投入郵筒（免貼郵票）或傳眞，我們會珍視您的意見，
並提供您最新的活動訊息，共同以書會友，追求身心靈的創意與成長。

書系編號－HO091　　書名－生命如此美麗：在逆境中安頓身心

姓名　　是否已加入書香家族？ □是 □現在加入

電話（公司）　（住家）　手機

E-mail　生日　年　月　日

地址 □□□

服務機構 / 就讀學校　職稱

您的性別—□1.女 □2.男 □3.其他

婚姻狀況—□1.未婚 □2.已婚 □3.離婚 □4.不婚 □5.同志 □6.喪偶 □7.分居

請問您如何得知這本書？

□1.書店 □2.報章雜誌 □3.廣播電視 □4.親友推介 □5.心靈工坊書訊
□6.廣告DM □7.心靈工坊網站 □8.其他網路媒體 □9.其他

您購買本書的方式？

□1.書店 □2.劃撥郵購 □3.團體訂購 □4.網路訂購 □5.其他

您對本書的意見？

封面設計	□ 1.須再改進	□ 2.尚可	□ 3.滿意	□ 4.非常滿意
版面編排	□ 1.須再改進	□ 2.尚可	□ 3.滿意	□ 4.非常滿意
內容	□ 1.須再改進	□ 2.尚可	□ 3.滿意	□ 4.非常滿意
文筆／翻譯	□ 1.須再改進	□ 2.尚可	□ 3.滿意	□ 4.非常滿意
價格	□ 1.須再改進	□ 2.尚可	□ 3.滿意	□ 4.非常滿意

您對我們有何建議？

□ 本人＿＿＿＿＿＿＿＿（請簽名）同意提供真實姓名/E-mail/地址/電話/年齡/等資料，以作為心靈工坊聯絡/寄貨/加入會員/行銷/會員折扣/等用途，詳細內容請參閱：http://shop.psygarden.com.tw/member_register.asp。

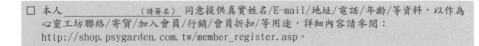

廣 告 回 信
台北郵局登記證
台北廣字第1143號
免 貼 郵 票

心靈工坊 PsyGarden

台北市106 信義路四段53巷8號2樓

讀者服務組 收

免 貼 郵 票

（對折線）

加入心靈工坊書香家族會員
共享知識的盛宴，成長的喜悅

請寄回這張回函卡（免貼郵票），
您就成為心靈工坊的書香家族會員，您將可以——

⊙隨時收到新書出版和活動訊息

⊙獲得各項回饋和優惠方案

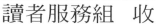